Der hermetische Bund teilt mit:

Hermetische Zeitschrift

Nummer 11

Mein Dank geht an Peter Windsheimer für das Design des Titelbildes.
Des Weiteren an Ariane und Michael Sauter.

Für Schäden, die durch falsches Herangehen an die Übungen an Körper,
Seele und Geist entstehen könnten, übernehmen Verlag und Autor keine
Haftung.

Inhaltsangabe:

1. Warum das alles . . .
H. S.

Ich habe mir schon des Öfteren Gedanken gemacht, warum das alles genau so gekommen ist, wie es mit den Mitgliedern des „Bardon-Kreis des Bundes" geschehen ist. Warum, fragte ich mich, hat es von ihnen keinen gegeben, der noch am Weg ist? Warum, war die nächste Frage, sind alle gefallen, haben alle ein dermaßen unreines Leben geführt, haben solche Schicksalsschläge bekommen, dass sie andere Bereiche des materiellen Lebens aufsuchten und sich von der Hermetik abwandten? Folgende Antwort bekam ich nach langem Denken. Ich fange an:

Die Gesamte okkulte Literatur ist einseitig, man weiß mittlerweile schon nicht mehr, welche von den vielen Wegen, Systemen und Richtungen die Rechten sind. Man findet heutzutage keine Bücher mehr, wo eine mittige Philosophie beschrieben wird, die den Schüler das Wissen vermittelt, dass er am richtigen Weg arbeitet. Die meisten Bücher wenden sich gegen die Philosophie der Hermetik, gegen die Gesetze der Harmonie und des Ausgleichs, weil diese irdische Welt eine Welt der Extreme ist. Der ist der Beste, wer die größten Lügen auftischt, wer das meiste Geld und den größten Rum und Macht in seinen Händen hält.

All dies ließ mich auf die nächste Frage kommen: Warum fiel der Kreis und warum gibt es keine Schüler mehr? Ganz einfach, weil all die oben angeführten Dinge, die materiellen Verlockungen oder die einseitigen Wege, trotz der Reinheit, Klarheit und stufenmäßigen Erklärungen im „Adepten" mehr Anziehung haben, als der 4-polige Weg von Meister Arion. Bittere Medizin hilft, aber keiner erträgt den Geschmack! Alles was einfach ist, ist gut, heißt es da als Begründung. Das ist richtig, denn Bardons Weg ist voller Schwierigkeiten, aber er sagt ja auch, dass einseitige Wege wie die der Mystik oder eines der 4 Yoga-Wege an kein Ziel führen. Aber dennoch, die Yoga-Wege sind viel interessanter, denn alle unzähligen Autoren schreiben, dass man schnell und einfach ins Samadhi gelangen kann. Aber woher wollen sie das wissen? Haben die Autoren überhaupt eine gesetzmäßige Sachkenntnis? Was noch viel wichtiger ist, haben sie Erfahrung? Nein, das haben sie nicht, denn einer schreibt vom anderen ab ohne viel Weisheit. Das ist nämlich der Grund, warum sie alle, egal ob West oder Ost, alle vom System her das Gleiche schreiben, die gleichen extremen unharmonischen Übungen und Praktiken, ohne hinter deren

Symbolik zu blicken. Wie allgemein bekannt ist, werden nämlich die wahren östlichen Exerzitien nur Auserwählten vom Mund zu Ohr übermittelt. Und dennoch wendet man sich solchen Wegen zu oder man probiert mal eine teuflische Droge, weil es der wissende Gregorius oder der überaus weise Crowley in ihren Büchern geschrieben haben und viele andere mehr!

Oder man geht mal fremd, weil das so verführerisch ist, seinen Partner/in zu betrügen. Im Fernsehen oder Kino wird das ja am laufenden Band bildlich wiedergegeben. Dann muss es ja gut sein. Ja dann mach ich es mal. Kann ja nicht schaden. O, im Internet wird das auch gezeigt und dort sieht man gleich alles, jede kleinste „Hautfalte" bekommt man dort in Großaufnahme zu sehen. O wie schön, dann lass ich mich davon gefangennehmen, obwohl Franz Bardon bei den Eros-Schemen davor warnt. Aber auf ihn muss man ja nicht hören. So mach ich das . . .

Da gibt es aber noch so viele andere Verlockungen, die ich mal ausprobieren will. Die sind ja alle so schön.

Ist es dann verwunderlich, warum alle gefallen sind, wenn die Versuchungen so wunderbar und mannigfach sind? Nein, das ist ganz „natürlich"!

Aber warum musste man das alles aus der ersten Reihe miterleben, musste das ganze Leid mitansehen, musste man erfahren, wie ein Freund und ein Schüler der Hermetik trotz Meister fiel, fiel und fiel und nie mehr wieder aufstand (Siehe „Auf der Suche nach Meister Arion" und „Allzu Unmenschliches"). Sie alle liegen nun reihum und pflastern die Straßen. Man kann kaum gehen, so viele „Leichen" liegen am Weg.

Ja, das fragte ich mich alles und kam auf folgende, für mich logische Antwort: Weil ein Verlag entstehen sollte, der die Erfahrung eines mittigen, hermetischen Bundes am besten verwerten kann, damit jeder und auch wirklich jeder Neophyt etwas davon lernt! Das klingt grauenhaft, die einen leiden, damit die anderen ihre Erfahrungen machen können. Aber ist das nicht immer so, wenn man sich die Menschheitsgeschichte ansieht?

Deshalb entstand also der Verlag. Er schoss nur so aus dem Boden, weil er als einziger die Wahrheit aus der universellen Mitte bringt. Da er über sehr viel Erfahrung besitzt, Erfahrung im Sinne der Hermetik, kann er aus der Quelle allen etwas Wasser geben, damit keiner mehr dürsten muss. Seltsamer Satz. Heißt das nicht, dass wir über alles schreiben können, sowie der eigentliche Weg in Wahrheit wirklich ist? Ja, das müssen wir, denn sonst weiß keiner, wie er ihn zu gehen hat. Keiner? Darum bringen wir über jedes Thema eine Studie oder in der Zeitschrift Aufsätze heraus, die einem zeigen, was die wahre Mitte und wo der eigentliche Schwerpunkt zu suchen ist. Über alles schreiben wir. Und dazu gehört auch die grundlegende Sexualität, die mittlerweile so extrem ist, dass man sie gar nicht mehr kontrollieren kann. Ich möchte mich jetzt nicht darüber auslassen, weil das nicht zum Thema meines Aufsatzes passt. Ich glaube aber, der Leser wird einsehen, was ich mit diesem Beitrag aussagen will.

2. Aberglaube oder hermetische Analogie
Nursi

Viele werden beim Lesen sagen, dass das gar nicht sein kann, dass dies alles in den Bereich des Hokuspokus gehört, Humbug, Blödsinn und zum großen Gebiet des Massen-Okkultismus zählt. Da sind ja die Engel-Bücher noch sinnvoller. Warum dann darüber einen Artikel schreiben? Das ist die Frage, oder nicht?

Aber die Antwort ist noch einfacher. Wenn man mit klaren Augen diesen Beitrag liest, dann erkennt man, dass da doch ein Fünkchen Wahrheit enthalten ist. Machen nicht alle Sportler z. B. abergläubische Handlungen, wenn sie vorm Betreten des Fußballfeldes den Boden küssen oder sich dankbar nach „oben" wenden, wenn sie ein Tor geschossen haben?

Ich bringe hier nur die hermetischen Analogien. Wer sich dafür näher interessiert, dem kann ich nur das Buch „Dreimal schwarzer Kater" von R. Brasch ans Herz legen. Dort wird über Aberglaube, Sitten und Gebräuche und ihre merkwürdigen Ursprünge berichtet.

Aber nun beginnen wir bei den gesetzmäßigen Zusammenhängen. Ariane sagte zu mir, dass wenn man Unglück vermeiden will, sollte man

- dreimal Formel „Toi Toi Toi" sagen
- desgleichen wenn man dreimal auf Holz klopft
- juckt die linke Hand, gibt es Geld; juckt die rechte Hand, muss man Geld ausgeben
- Schornsteinfeger und Leichenwagen sehen bringt Glück
- Falke – Auge Gottes – fliegen sehen heißt, man wird beobachtet bzw. man soll auf etwas achtgeben
- klingelt das rechte Ohr, spricht einer schlecht; wenn das linke klingelt, wird gut über einen gesprochen
- selbst der „Aberglauben" mit den schwarzen Katzen hat seine Berechtigung: Kommt sie von links, bringts, kommt sie von rechts, schlechts, wie ich es selber erlebt habe. Als ich mir Sorgen machte, sah ich plötzlich eine nach links laufende schwarze Katze. Und siehe da, ich hatte Glück!
- oder jeder kennt den Satz: „Spinne am Morgen bringt Kummer und Sorgen."

Zum Abschluss dieses Aufsatzes bringen wir aus der Zeitschrift „Asgard" von 1936 von Dr. Lomer einen passenden Artikel zu diesem Thema, denn ich gerne hier zitieren will:

„Ungeziefer als Symbol. Kein geschmackvoller Gegenstand, doch darum nicht weniger interessant. Wer etwas von der Symbolsprache, anknüpfend an die Traumsprache, kennt, weiß, dass Ungeziefer wie Flöhe, Wanzen, Läuse typische Geldsymbole sind. Vergleiche dazu Mephistos Bezeichnung als „Gott der Ratten und der Mäuse, der Flöhe, Wanzen, Fliegen, Läuse!" Aber auch das Tagesleben ist überall von tausendfacher Symbolik, deren Ausdrucksweise ganz jener des Traumes entspricht. Wir bringen heute zwei diesbezüglich besonders eindeutige Hinweise. Der erste, jüngst von „Walhall" (von S. A. Kummer) berichtet, betrifft die Tatsache, dass neuerdings in Paris der Brauch aufgekommen ist, kleine goldene oder sonst wie kostbar hergestellt Wanzensymbole als Schmuckstücke zu tragen. Ein klarer Beleg für den oben erwähnten Satz, – ähnlich wie im alten Ägypten der Skarabäus (eine Mistkäferart) aus Gründen kosmischer Symbolik für „heilig" galt. – Der französische Brauch besagt also ganz einfach: „Wir wünschen Geld und suchen es heranzuziehen, indem wir sein Sinnbild tragen!"

Die zweite bemerkenswerte Tatsache ist das seit einiger Zeit in Deutschland und etlichen Nachbarländern beobachtete Aussterben der Flöhe. Man hat es auf eine Flohseuche und gewisse klimatische Einflüsse zurückführen wollen, wahrscheinlich mit Unrecht. Die wahre (äußerlich betrachtete) Ursache dürfte vielmehr in dem Wechsel der Frauenmode liegen: Frauen werden bekanntlich wegen der breiten unteren Öffnung der Kleider leichter „angesprungen" als Männer. Ach lieben die Tiere weiche Stoffe, besonders Wolle. Die jetzige Kleidung (engere Röcke) erschwert aber die Übertragung. Der sinnbildliche Sinn ist klar und deckt sich mit der allgemeinen Verarmung Mitteleuropas. Soll man also wünschen, dass die Flöhe wiederkehren? Eine kitzlige Frage."

3. Über die Verblendeten
Anonymus

Ich bekam so viele Schreiben von Leuten, die alle meinten, sie seien etwas Besonders. Die einen glaubten, sie könnten Astralreisen, andere waren der Meinung, sie stünden mit den Genien in Kontakt, können sich nach der 10. Stufe im „Adepten" mit den Gottheiten verbinden. Eine Frau war fest der Ansicht, dass sie in Kontakt mit einem wahren Magier stehte, der Bambus-Zauberstäbe herstelle – welche sich am besten für magische Ladungen eignen!? – die bedingungsloses Glück vermitteln. Diese Person wollte mir solch einen „Stab" verkaufen und wollte mir auch noch Gebete geben, womit ich meine Frau heilen könnte. Sie gab mir eine Internetadresse, wo ich mich anmelden sollte, um mir dann diese „Sprüche" herunterzuladen. Aber dieser angebliche „Magier" ist sowieso verrufen, so dass alles weitere sich im Sande verlief.

Weiter geht's: Ein Mann aus Österreich glaubte einen wahren Meister zu haben, der unsichtbare Elementar-Wesen auf der Schulter sitzen hatte! Ein weiterer ist der Meinung, eine Meisterin führe ihn, die der inkarnierte Merlin sei. Dies alles, obwohl Franz Bardon schreibt, dass er aufgrund von Beschwerden in der Astralebene seine Werke verfassen musste, da sich Tausende darüber aufregten, dass es kein Buch auf Erden gibt, wo die wahre Einweihung eingehend beschrieben wird. Bardon sagt auch noch, dass die Logen und die Meister sich zurückgezogen hätten, da die wahren Schüler fehlen. Warum glaubt dann jeder einen Meister zu haben, obwohl es nachweislich keine gibt? Selbst die Tochter eines bekannten Mannes fiel auf einen, nein drei „Meister" herein und lobte sie dennoch bis zum Himmel hoch und darüber hinaus. Beim weltlichen Oberhaupt von Tibet, dem Dalai Lama, war sie in kompletter Ekstase versunken, denn die wunderschönen Bilder und der Altar in Düsseldorf waren durch das buddhistische Oberhaupt geweiht und „hatten solche eine Kraft-ausstrahlung". Des Weiteren war sie der Meinung, dass wenn man ein Band um das Bett in Kreisform zieht, schütze das vor Dämonen. Natürlich ohne Ladung! Man soll noch göttliches Licht imaginieren, dann wirkt das besser. Aber Bardon schreibt doch, dass so etwas nur ein Magier vollbringen kann und wir sind doch noch alle Schüler!? Dann wollte sie mir einreden, dass sie eine „geladene Formel" von einem ihrer Meister hätte, womit man problemlos schlafen kann. Ich zeigte ihr den Vogel.

Ein Anderer versucht mir zu erklären, dass man mit Suggestion sich in drei bis sieben Tagen heilen kann, wenn man die Suggestionsformel 5-6 Stunden lang immer wiederholt. Schreibt nicht Bardon, Lomer, K.O. Schmidt und viele andere, dass diese Methode nur im Unterbewusstsein wirkt, wenn man sie abends und früh morgens praktiziert?

Andere glauben leider, welche in meinen Augen arme verblendete Menschen sind, dass in den Logen noch immer die wahre Einweihung vermittelt wird, die Mysterien gelehrt werden. Wenn man dann nachfragt, hört man den Namen „Fraternitas Saturni", welcher ein rein schwarz-magisch-satanischer Orden ist, bei dem die Sexualzauberei an erster Stelle steht, anstatt die Mysterien des Seelenspiegels oder die Reinheit der Gedankenstille, wie das in den alten Freimaurerorden praktiziert wurde (vgl. „Der Signatstern").

Folgende Mail bekam ich, die mich sofort veranlasste, sie hier zu veröffentlichen, ohne einen Namen zu nennen. In Klammern habe ich immer die Erklärungen für die ausländischen Begriffe geschrieben. So stellte sich der Herr vor:

Liebe Freunde der Hermetik,

gerne würde ich in näheren Kontakt mit Ihnen und Franz Bardons Schülern treten. Sie kennen mich vielleicht als Autor einiger esoterischer Bücher.

herzliche Grüße . . .

*

Guten Tag . . . ,

vielen Dank für Ihre Mail. Erstmal wünsche ich Ihnen einen schönen 1. Weihnachtsfeiertag. Ich kann mich erinnern, dass Sie mich schon einmal angeschrieben haben, ich bat Sie um eine kleine Mitteilung über sich, worüber ich mich sehr gefreut hätte, bekam aber leider keine Antwort von Ihnen. Schade. Ihr Buch . . . besitze ich, habe es aber nicht gelesen, denn wir halten uns an die Anweisungen aus den Büchern des Franz Bardon, welche unübertroffen sind. Er ist der einzige, der den Ausgleich, die vier Elemente, die Gottverbundenheit, die Quabbalah usw. so richtig beschreibt, damit man durch sie gangbaren Erfolg erzielen kann. Lomer bestätigt das in seinen „Lehrbriefen", welche identisch sind mit den Büchern vom Meister. Auch sein drittes Werk wird von Sedir über „das wahre Tantra" genauso bestätigt, und die Runenbücher von Lomer, Marby und anderen beschreiben die selben Gesetze, wie Arion über die Schöpfersprache schreibt. Um schöpferisch sprechen zu können, muss man selber zum Schöpfer werden, sprich die Gottverbundenheit erreicht haben. Sonst ist das bloßer Humbug.

Nun, ich würde mich auch noch sehr darüber freuen, wenn Sie mir etwas von sich schreiben würden und verbleibe mit freundlichsten Grüßen und besten Wünschen Ihr . . .

*

Lieber Herr . . . ,

vielen Dank für Ihre freundliche Antwort auf meine Email. Nachträglich wünsche ich Ihnen ein frohes und erfolgreiches neues Jahr 2015. Ich grüße Sie aus Sarnath, Indien, an dem Ort, an dem der historische Buddha Shakyamuni Sitarda zum ersten Mal lehrte. Es ist ein Ort besonderer Kraft. Das wird erhalten durch eine Reliquie, Knochenteile von Buddhas Körper. Ich weiß nicht so recht, was ich über mich sagen sollte oder was es zu sagen gäbe. Ich habe in den späten 1980er begonnen, mich intensiv mit Bardon, Meister Arion, auseinanderzusetzen. Seither habe ich intensiv mittels seiner drei Meisterwerke gearbeitet. Da ich aber bedingt durch mein Karma auch sehr stark mit den Lehren Tibets vertraut wurde und auch diese sehr gewissenhaft über viele Jahre praktiziere, auch in geschlossenen Retreats (Meditation in Zurückgezogenheit), wurde ich schließlich im „Weißen Orden Tibets" Lama der Tantrisch Yogischen Tradition. Schon recht früh vertrat ich die Meinung, dass es eine Schnittstelle geben muss, zwischen Bardons Lehren und dem, was ich von den Tibetern lernen durfte. Ich möchte sagen, dass ich durch das Studium Bardons die tibetischen Lehren besser verstand und umgekehrt Bardon tiefer begreifen konnte. Ich hoffe natürlich, dass ich hier nicht einem Trugschluss unterliege, was ich aber erst einmal bezweifle. Als ich vor Jahren auf Ihr verlegtes Buch über Bardons vierte Tarotkarte traf, war ich sehr erfreut, wurde ich doch in meinen Thesen bekräftigt. Ich kann nun sagen, dass ich die vierte Tarotkarte aufgrund meines Studiums mit meinem tibetischen Meister weitestgehend verstanden habe bzw. bestimmte Resultate als erreicht betrachten darf. Die Macht des Wortes in der Essenz wie es Bardon meisterlich und einmalig beschrieb, fand ich Übereinstimmungen in den Mantraformeln. Selbstverständlich wird hier auch großen Wert auf den Ausgleich der

Elemente gelegt. Ab und an wird hier sogar der Regenbogenkörper verwirklicht, das heißt durch Reinigung der Elemente der grobstoffliche Körper in Licht aufgelöst (?). Der Onkel und Lehrer meines Lehrers verwirklichte diesen vor ein paar Jahren.

Mit hermetischem Gruß . . .

*

Sehr geehrter . . . ,

vielen Dank für Ihre ausführliche Mail. Ganz ehrlich gesagt, ich hätte nicht gedacht, dass Sie mir noch schreiben, aber umso mehr habe ich mich darüber gefreut. Den Ort Buddhas kenne ich, ich weiß auch, dass dort seine Knochen in einem Schrein liegen (wie in Sri Lanka), das wirkt dann so, wie es Bardon in seinem Werk schreibt, dass nur der geschulte Wille an die „Kraft" herankommt und sie nützen kann. Das gilt ja auch für den Kölner Dom, wo die Knochen der drei heiligen Könige – hohe Magier – liegen und dort fällt meines Wissen keiner gleich in Ekstase sprich „Gottverbundenheit". Im Osten – wie Bardon es richtig beschreibt – ist das meistens aus Unkenntnis der Fall, hat dann aber überhaupt nichts mit der Wahrheit und Gesetzmäßigkeit zu tun. Ist bloß eine Halluzination. Deshalb gibt es ja so wenig richtig geschulte Menschen, denn sonst hätte Bardon seine Werke nicht schreiben müssen, wie es im Original-Frabato (von Frau Votavova) von Urgaya in Auftrag gegeben wurde!
Die Schnittstelle, da gebe ich Ihnen recht, sind die hermetischen Gesetze, welche Bardon am allerbesten und am verständlichsten beschreibt. Wenn man Bardon kennt, dann kann man viel leichter Analogien ziehen. Das ist das schöne daran.
Die vierte Tarotkarte ist ein wunderbares Buch, wir kennen auch die Tibetanische Seite im Ambidhva Sutra, welche nicht annähernd so gut ist. Sie bezieht sich nur auf eine Gottheit, ist sozusagen einseitig. Sie zu bearbeiten, ist für uns unmöglich, denn dazu müssten wir die 1. Tarot-Karte beherrschen, so wie es beschrieben wird und wenn man logisch denkt, auch erklärlich ist. Metatron würde selbst bei Erscheinen den unsterblichen Mentalkörper zerstören . . . außer die Luftgottheit, die auch zu erreichen ist, aber für uns Anfänger undenkbar.
Selbst der Tantrismus ist nicht annähernd so beschrieben, wie ihn Bardon in seinem dritten Werk erwähnt. Das sind bloß ein paar oberflächliche Bruchstücke. Das wahre Tantra kennt bzw. kann selbst im Osten keiner

12

sprechen! Vom Ausgleich wird im Osten fast überhaupt nicht gesprochen, und wenn falsch beschrieben. Ich hab z. B. noch in keinem guten Buch irgendwo etwas über das richtige Aussprechen der Mantraformeln (Tantra) gelesen oder auch nur gehört. Selbst ein Mitarbeiter, der den Buddhisums seit über 15 Jahren studierte, konnte mir darüber keine vernünftige Auskunft geben, weil alles nur – wie David Neel richtig beschreib – dort nur von Mund zu Ohr und nur wie es Bardon sagt, wenn überhaupt, dann nur den Auserwähltesten übertragen wird. Und davon gibt es fast keine. Was es wiederum gibt, ist der verfälschte New-Age-Müll, welcher einem den Himmel vorgaukelt! Der wahre Weg zur Gottheit ist so was von schwer, ist mit soviel Leid und Pein verbunden, wie wir es in unseren Büchern immer wieder beschrieben haben. Das wird auch von einigen anderen namhaften Autoren bestätigt.

Ich danke Ihnen für ihre Worte und die dadurch ergebene Diskussion und freue mich auf Ihre nächste Mail. Mit besten Grüßen und Wünschen Ihr . . .

*

Lieber Herr . . . ,

vielen Dank für Ihre ausführliche Antwort. Bitte erlauben Sie mir ein paar Punkte anzumerken. Ich kann Ihnen aus meiner Sicht und Erfahrung in allen Punkten Recht geben, nur nicht zu 100 % in den tibetischen Betrachtungen. Natürlich sind in den Sutra-Lehren solche Dinge nicht näher beschrieben. Der Sutra-Weg ist ja auch der Weg der Entsagung und nicht der Weg der Transformation wie die innere Alchemie oder eben Tantra.

Das Wort Tantra wird im Westen schon total falsch interpretiert, durch Osho und andere, ja wie Sie zu recht bemerken, Esoterik-Quatsch würde ich es nennen oder einfach Irrwege, welche die Alten schon früher für unsere Zeit vorhersagten.

David Neel sollte man heute nicht mehr als Quelle heranziehen. Sie war keine wirklich Eingeweihte und hat ihre Erfahrungen in Tibet sehr einseitig und oberflächlich beschrieben. Ihre Bücher zu lesen sind wohl interessant für den Geschichtsinteressierten, aber viel mehr kann ich aus Ihrer Quelle nicht schöpfen.

Der Tibetische Buddhismus unterteilt sich ja, wie Sie wissen in vier Schulen. Die alte Nyingma Schule und die drei neuen Schulen. Ich spreche von der alten Schule, also Nyingma, welche im 7. Jahrhundert von Padmasambhava gegründet wurde. In dieser ursprünglichen Schule

13

sprechen wir von 8 Tantra, den sogenannten 4 niederen Tantra und den 4 hohen Tantra.

Was in Indien als höchstes Tantra bekannt ist, nämlich Kria-Yoga, zählt in der Nyingma Schule noch zu den Methoden der niederen Tantra. Die vier niederen Tantra lassen keine Verschmelzung mit der verehrten Gottform zu, es sind dort die Methoden der Annäherung, aber nicht der Werdung und Verschmelzung zu finden.

Dies beginnt beim sogenannten Anutara-Tantra (unübertroffenes Yoga-Tantra): Hier wird zum ersten Mal auf sehr ausführliche und komplizierte Methode das Mandala der Gottheit aufgebaut. Übrigens ist Khylkor (Diagramm) das tibetische Wort für Mandala. Die Gottheit selbst hat ihren Platz in der Mitte des Mandalas und repräsentiert das Akasha selbst. Sie ist Formlos und jenseits von Dualität. Erst wenn die Gottheit aktiv wird, dass heißt, aus sich selbst heraus die vier Elemente erschafft und nach Außen projiziert, entsteht ein Aktivitätsprinzip. Jede Gottheit, entsprechend dem Element und der symbolischen Himmelsrichtung, nimmt dann auch die Farbe des Elementes an und ihre magischen Eigenschaften: Wasser, Erde, Feuer, Luft – im Uhrzeigersinn im Osten – Wasser – beginnend. Jede dieser Elementewesen/-Aspekte hat ihre eigene Formel, Mantra, welches lange und zur eigenen Qualität aufgebaut wird. Die Quantität ergibt sich durch die Anzahl der Mantrawiederholungen und der Sinnes-Konzentration auf die entsprechenden Aspekte.

Durch das Konzentrieren auf das Herzchakra und später die Übungen mit den Kanälen und den Weisheitsaspekten innerhalb der Kanäle, entwickeln sie die Eigenschaften wie Allliebe, Allmacht, Allweisheit usw. Die Eigenschaften der Gottheit füllen durch Lichtvisualisation in der entsprechenden Elementefarbe das gesamte Universum, welche dann wieder in den eigenen Körper als Gottheit absorbiert werden. Hier finden wir eine Analogie zu Bardons induktiver/deduktiver Übung.

Im Anu-Yoga (weitere Yoga), dem nächst höheren, wird gelehrt, dass alle göttlichen Eigenschaften bereits vorhanden sind, jedoch erkannt und kultiviert werden müssen. Diese Übungen sind dann aber ähnlich. Das höchste Tantra, Maha Ati-Yoga – große Vollkommenheit – entspricht dem dauernden Verweilen im Akasha-Prinzip, ohne dieses dann bewusstseins-mäßig zu verlassen bzw. zu vergessen. Dies zu vollbringen, ist dann letztlich die höchste und geheimste Einweihung und ohne Einführung eines Meisters – Abisheka – nicht möglich (ich habe das Glück, solche Abisheka erhalten zu haben, privat, von Meister zu Schüler). Nur ein Meister des

Maha Ati-Yoga ist dann auch in der Lage, während seines Ablegens des materiellen Körpers, diesen nicht als Hülle zurückzulassen, sondern in die Essenz der Elemente als Lichtkörper umzuwandeln. Der Leichnam verschwindet dann im Idealfall komplett.

Bei all diesen Übungen wird größten Wert auf Charakterschulung gelegt. Auch sind die Charaktereigenschaften den jeweiligen Elementen zugeordnet und man kennt die jeweiligen Übungen, um diese schnell zu reinigen und auszugleichen. Der gewöhnliche Schüler des Buddhismus erfährt hiervon nichts oder nur wenig. Einer meiner Lehrer hielt gewisse Übungen 40 Jahre lang geheim, bis er sie dann mir übertrug. Manche Abisheka – tibetisch Wang – werden von einem Meister nur einem einzigen, höchstens aber 25 Schülern übertragen.

Die Perlenschnur – Mala – wird nun viel mehr als ein Zähler, sie wird vielmehr zum Khylkor und zum Ausdruck der Aktivität der Elemente innerhalb des Mandalas. Hier symbolisieren die zwei etwas größeren Perlen – Mala Kopf – der nichtduale Männlich/Weiblich Aspekt der geübten Gottheit.

Je nach Element bedient man sich dann unterschiedlicher Mala, den Elementefarben und Materialien entsprechend. Die Mala wird mittels Dreisinnen-Konzentration aufgeladen und dient dann als Kraftspeicher für den praktizierenden Yogi.

Im Bereich der magischen Evokation gibt es unzählige Riten, die exakt den der westlichen Praktiken entsprechen (Kreis, Dreieck, Räucherung, magischer Dolch, Stab etc.). Meistens werden diese Evokationen allerdings für Exorzismen genutzt, bei denen ein hindernder Dämon im Eisendreieck evoziert und dann gefangen wird. Er wird dann umerzogen, mit den Gesetzen des Karma belehrt und im Extremfall auf der Astralebene aufgelöst und sein ursprüngliches Bewusstsein nach der Reinigung ins Akasha zurückgegeben. All dies sind hochmagische Handlungen (?) und können nur von jemandem durchgeführt werden, der bereits zur Gottheit geworden ist.

Ich wurde auch belehrt über das Anwenden des magischen Spiegels zwecks Hellsehen. Hier bedient man sich dem Feuerelement und dem Akashaprinzip. Dieses von mir empfangene Abisheka ist allerdings innerhalb einer Familie gehütet und geheimgehalten.

Ich hoffe, dass ich Sie jetzt nicht gelangweilt habe mit Sachen, die Ihnen sowieso bekannt sind.

Ja, auch ich freue mich über diesen Austausch. Möge er dienlich sein. Sarva

Mangalam.
Ich bitte Tippfehler zu verzeihen. Sitze gerade im Flieger kurz vor dem Start. Mit herzlichem Gruß . . .

*

Guten Morgen,

so, nun hab ich wieder etwas Zeit, ihnen zu antworten. Ich muss ihnen nochmals recht geben, dass vieles Eso-Müll ist. In allen Religionen gibt es Exoterik und Esoterik. Das Sutra zählt zu ersteren, das heißt aber nicht, dass die Religionen nicht der Wandlung (Transformation) dienen. Das ist ein Irrtum, denn ein offenes Auge und Ohr kann sich daraus einiges Zusammenreimen. Und Entsagung ist an und für sich gleichzusetzen mit Wandlung. Heißt es nicht in der Bibel anstatt „Tuet Buße": Wandelt euren Geist!
David-Neel habe ich zitiert, weil es auch Bardon tat und er tat das mit Sinn. Da er in gewisser Weise ein Vorbild ist, ahme ich ihm nach. Ich weiß, dass die meisten Buddhismuskundigen sie nicht schätzen, weil sie in gewisser Weise die Wahrheit schreibt. Z. B. sagt sie in ihrem Buch „Der Lama der fünf Weisheiten", dass viele „Yogis" nur um gut dazustehen, lügen und behaupten, sie beherrschen etwas, sie können z. B. Levitieren. Doch nichts trifft zu! Gar nichts! Das sagt auch Gerta Ital in „Der Meister, der Mönch und ich"! und viele andere.
Jedes Tantra hat göttlichen Ursprung. Das heißt, um ein Tantra zu sprechen, muss man erst zur Gottheit werden, um es wie der Schöpfer schöpferisch auszusprechen. Sonst wirkt es nicht! Anders geht es nicht und andere Wege existieren nicht, da es überall die gleichen Gesetze gibt! Das wären nur Irrwege und darüber haben wir uns schon unterhalten und sie als Eso-Müll bezeichnet. Die Hilfsmittel wie Mandala, Yantra usw. dienen nur dem Erkennen in der Meditation der einzelnen Qualitäten und Quantitäten, Elementeanalogien und Himmelsrichtungen, wobei es nicht ganz richtig ist, dass im Osten das Wasser liegt, denn alle Religionen sagen, dass im Osten die Sonne – das Feuer – aufgeht! Luft folgt als nächstes im Süden.
Die Mantrawiederholungen der Formel – z. B. lam – dient der Beherrschung der Formel, wie es Bardon richtig schreibt und nicht der Annäherung an die Gottheit. Die Dreisinnen-Konzentration ist die Übung, die man in der Gottverbundenheit durchführen muss, damit die Tantra-Übung Wirkung erlangt. Alles andere – wie ich schon einmal schrieb – wäre nur Humbug.

16

Die Verbindung mit der Gottheit wird durch Meditation auf den eigenen Charakter während der Elementstauung und durch anschließende Vereinigung z. B. mit der Allliebe erreicht – sofern die Gottheit der Verbindung zustimmt! Das Herzchakra ist nur ein Symbol für den Übenden, um die Analogien zu erkennen. Siehe das 1. kl. Arkanum, welches vom eigentlichen Lieblings-Schüler und Freund Bardons – Ernst Quintscher – übermittelt wurde! Milan Kuman ist gefallen.

Charakterschulung, und da muss ich ihnen vehement widersprechen, dauert sehr lange, mitunter ein Leben oder noch länger. Je nach Mentalität, Reife, usw. Das sagen auch führende Okkultisten wie Bardon, Tarvek, Seila Orienta, Lomer, K. O. Schmidt und viele mehr, ja sogar Gregorius schreibt, dass man da mit Jahrzehnten rechnen muss, denn der Charakter wurde Jahrtausende lang ausgelebt und kann dann nicht einfach mal so schnell nebenbei beseitigt werden. Er muss im Positiven wie im Negativen ausgeglichen werden und nicht wie so viele meinen, nur alles Positive entwickeln und das Negative abtöten.

Die Perlenschnur dient nur der Zählung der Wiederholungen und es wäre unsinnig, sie mit der Dreisinnen-Konzentration zu laden, bevor man nicht die Gottform erreicht hat. Diese Konzentration dient besser bei der Charakterbekämpfung und sollte auch dort angewandt werden. Siehe „Die hermetische Wissenschaft". Zum Kraftspeichern gibt es Kondensatoren, die Bardon empfiehlt.

Dämonen sind göttliche Wesen mit göttlichen Würden. Sie wurden von der Göttlichen Vorsehung erschaffen, um den Menschen in ihrer Entwicklung voranzutreiben. Siehe das Buch Hiob, wo Satan als Diener Gottes zu seiner Linken steht. Ein Dämon würde sich niemals „gefangen nehmen" und dann im Akasha auflösen lassen. Er besteht zu recht und ist auch Allmächtig – ein Beherrscher mehrerer Taortkarten. Siehe die „Evokation"!

Die Spiegelmagie wurde ausführlich von Bardon im Adepten beschrieben und man benötigt kein Ankhur. Man kann sie nur bewerkstelligen, wenn man Gottverbunden ist und dann, nur dann bekommt man die nötige Intuition. Dass man sie mit „Göttlichen Eigenschaften" laden muss, geht nicht nur, weil es Bardon geschrieben hat, sondern auch daraus hervor, dass man mit den göttlichen Kräften wie den Elementen, Akasha, Fluiden arbeitet. Und wie heißt es richtig: Gleiches zieht Gleiches an! So, nun muss ich frühstücken, denn mein Magen knurrt schon.

Beste Grüße . . .

*

Lieber Herr . . . ,

danke für Ihre letzten Antworten. Ich brauchte doch etwas länger, um wieder zu schreiben. Insbesondere deshalb, weil ich sehr verwundert über Ihre Antworten war. Sie betonen oftmals in fetten Lettern „Gottverbundenheit", als ob dies nicht die zentrale Rolle meiner eigenen Praxis oder im Tibetischen Vajrayana (Diamant-Fahrzeug) wäre, welche die Grundlage für jedweden Erfolg in der Praxis darstellt. Ohne diese „Gottverbundenheit" kann sich keinerlei Erfolg in den spirituellen Übungen einstellen und das ist auch bei der Sexualmagie oder Yoga der Vereinigung, welches in Tibet „Karmamudra" genannt wird, ein sehr geheimes Yoga-Tantra, notwendig.

Schade, dass Sie sich in diesem Bereich mit Ihren Feststellungen offensichtlich auf Halbwissen stützen und nicht auf Einweihung und Erkenntnis.

David-Neel war zwar der tibetischen Sprache mächtig, hatte aber weder Einweihung noch eigene spirituelle Erfahrung. Auch sind Ihre Beschreibungen des Tummo unzulänglich – ich habe diese Übungen erlernt und sie dienen keines falls nur dem Beherrschen des Feuerelements. Es ist also ein Unterschied, ob ein Nichteingeweihter seine subjektive Beobachtung zum Besten gibt, oder ob dies ein Eingeweihter mit praktischer Erfahrung tut. Bardon nannte David-Neel sicher nicht als Vorbild, sondern lediglich deshalb, weil sie in der damaligen Zeit die einzige Europäerin mit Reiseerfahrung in Tibet war, welche auch dann der Öffentlichkeit zugänglich waren. Ein Blick in den Magischen Spiegel genügt, um die jeweilige Seelenschwingung zu sehen.

Ich hatte wirklich gehofft, im „Hermetischen Bund" Hermetiker mit offenem Geist und Wissensdrang zu finden, die Gottverbundenheit nicht nur Theoretisch, sondern auch praktisch verwirklicht haben. Stattdessen finde ich Vorurteile und festgefahrene Konzepte.

Vielleicht mag ich mich täuschen. In diesem Falle entschuldige ich mich für etwaige Fehler, welche sich im Akasharaum der Leerheit auflösen mögen.

Mit hermetischem Gruß . . .

*

Guten Tag,

ich habe mich sehr gefreut, wieder von ihnen zu hören. Wir befassen uns mit Hermetik des Franz Bardon, welcher geschrieben hat, dass es im Osten fast ausschließlich nur Gaukler, Betrüger, Gauner usw. gibt. Das wurde in der Jetztzeit noch schlimmer! Und Folge dessen gibt auch keine vernünftigen Schriften. Eine Tatsache! Lesen sie das in der Quabbalah nach. Und eine Einweihung bekommt ein Europäer fast nie! Von Bardon und Dutzenden anderen bestätigt. Alles was Bardon schrieb, kann man für bare Münze nehmen. Das gilt auch für Lomer. Bei anderen ist das nicht der Fall! Das haben wir in unseren Schriften schon belegt!
Es tut mir leid, wenn ich ihren Anforderungen nicht genüge, aber ich bin Verleger, kein Praktiker! Ich mag genauso wie sie kein Unwahrheiten, Lügen und Halbwissen, Scharlatane, Betrüger und Menschen, die sich als eingeweiht betrachten. Da sind wir uns einig.
Alles was über Mantralehren und über Tantras geschrieben wurde, ist verfälscht. Das kann man ganz leicht überprüfen. Bardon schreibt, dass es nur 3 Bücher gibt, die das Wissen darüber veröffentlichten von Sedir, Kerning und Mathers. Mehr nicht! Also, deswegen bleiben wir hier bei der Hermetik des Franz Bardon und nicht bei gefälschten Lehren aus dem Osten. Das haben wir belegt!
Es tut mir leid, wenn ich Sie damit enttäuscht habe, aber es gibt nun mal nichts besseres als Bardon, deshalb wird er alles überstehen. Die Lehren von Bardon werden zur Weltreligion aufsteigen, und die Halbwahrheiten werden in Vergessenheit geraten.
Einen schönen und guten Wochenstart wünsche ich ihnen . . .

*

Lieber Herr . . . ,

das ist schon richtig, dass die Bücher über die Tantras verfälscht sind. Damit sind aber jene im Westen zu Bardons Zeit gemeint. Ich dachte, dass Sie davon ausgehen, dass ich nicht vom Halbwissen aus solchen Büchern spreche, sondern von jenen Originallehren, welche mir von tibetischen Meistern übertragen wurden und ich teilweise als Linienhalter bewahre. Diese Originallehren sind mit Bardons Inhalten identisch. Natürlich können Sie das nicht wissen, wenn Sie sich mit David-Neel aufhalten.
Bitte vergessen Sie nicht, dass Bardon seine Schriften eigentlich gar nicht verfassen wollte und sie deshalb auch an etlichen Stellen verschlüsselt hat.

19

Aus den Tantras, von denen ich spreche, durfte er nicht zitieren, da die Zeit nicht reif war und diese auch bis zum heutigen Tag geheim zu halten sind. Meine Aufgabe ist es, den Osten mit dem Westen zu verbinden – ich bin sozusagen eine Brücke. Vielleicht wollen Sie einmal mein Bewusstsein erforschen, oder jenes meiner Meister, sicherlich sind Sie nach jahrelangem Üben darin in der Lage – es würde mich sehr freuen.
Herzliche Grüße im Lichte der Hermetik . . .

*

Lieber Herr . . . ,

Bardon hat nichts ausgelassen bzw. „angeblich verschlüsselt", denn er hat zeitlos geschrieben, d. h., dass seine Lehren immer Gültigkeit haben! Da wir immer getrennte Ansichten haben und ich leider aus beruflichen Gründen keine Zeit habe mich mit Halbwahrheiten auseinander zusetzen und sie kennenzulernen, möchte ich diesen Briefwechsel hiermit freundschaftlich beenden. Ich wünsche ihnen alles Gute und viel Erfolg für ihre Zukunft.

Ihr . . .

*

Aber er schrieb nochmals:

Lieber Herr . . . ,

ja natürlich. Obwohl Ihre Aussage, der Tibetische Vajrayana sei Halbwissen (und nicht mit Bardon kompatibel), sehr gewagt ist und sich nicht auf Erfahrung begründen kann, respektiere ich Ihren Wunsch, den Kontakt mit mir zu lösen.
Ich freue mich, dass wir diesen kurzen Kontakt hatten. Ich bin sicher, dass Sie nach einiger Zeit der Erfahrung und Erkenntnis zu dem Schluss kommen werden, dass die Universallehre in Tibet ununterbrochen bis zum heutigen Tag fort besteht und auch nichts damit zu tun hat, was einige Westler vom Buddhismus resp. Tibetischen Vajrayana zu wissen glauben.
An den Schriften Emil St. erkenne ich, dass auch er nicht in der Lage ist, sich in den Zustand von Shunyata (alles leer und frei von Dauerhaftigkeit) bzw. seinen Geist in das Akasha-Prinzip zu versetzen, zumal er mir schriftlich gedroht hat, mich und meine Kinder zu vernichten (dies sei nur am Rande bemerkt).

So verweile ich in der ungezeugten und ungeborenen, nicht gekünstelten Mitte der Großen Vollkommenheit, dem Maha Ati, das kein Anfang und kein Ende, kein Gut und kein Böse kennt.

Übrigens heißt das Mantra „Om Mani Padme Hum" korrekt: „Om Mani Padme Hum Hri (?)"! Vielleicht wollen Sie danach forschen und dies in Zukunft als Anmerkung in Ihrer Schrift nennen. Auch hier wird es Ihnen leicht fallen, im Akasha oder magischen Spiegel die Richtigkeit meiner Anmerkung zu überprüfen.

Mit hermetischem Gruß, im Dharma des Tathagata (in der Gesetzmäßigkeit des so Vollendeten) und im Kylchor des Samantabadra (Diagramm des Ur-Sprungs-Buddha), der die fünf Dyani Buddhas (Schöpfergottheiten) aus sich selbst heraus geschaffen hat, . . .

*

Nach all dem bis jetzt Geschriebenen gibt es dennoch manch einen Okkultisten, der das alles richtig erkannt hatte, wusste, dass es keine Logen und Meister gibt, die die reine Lehre praktizierten. Quintscher hieß der gute Mann. Er suchte, suchte und suchte. Nun gut, damals gab es noch keinen „Adepten", aber heute schon, und man sucht und sucht weiter. Aber lassen wir Ra Omir sprechen: „Rücksichtslos hastet Einer am Anderen im Gedränge vorüber. Ein flüchtiges Anblicken. Weiter geht es, ohne Gruß, ohne Antwort. Keiner hat für den anderen Zeit. Sei es im Geschäft, sei es im Laden, auf der Straße, ja in seiner Wohnung. Keine Zeit – keine Zeit – damit basta.

So sah Berlin aus, Anfang 1927. Überall, wo ich eintrat, war ich ein Störenfried, den man nur aus „guter Erzogenheit" duldete. Sonst aber bis ins Pfefferland wünschte.

Es war sonderbar, wenn ich bei einem Herrn, den mehrere „staatliche Titel, Posten und Ämter" zierten, erschien, dieser stets so sehr beschäftigt war und ein halbes Hundert wichtige unaufschiebbare Besuche vorhatte, dabei aber nie, trotz vierstündigen Wartens vor seiner Haustür (ungesehen) aus seiner Wohnung kam.

Ja, es kam eines Tages vor, dass dieser stark beschäftigte Herr gleich nach meinem Weggange von ihm, von einem meiner Freunde besucht wurde, der gute Mann dann drei volle Stunden Zeit hatte, weil, na . . .

Jedoch hatte jener Besucher von mir genaue Instruktionen erhalten und ich der Urheber, saß seelenvergnügt drei Häuser weiter in derselben Straße in einer Speisewirtschaft und harrte der kommenden Dinge. Dann dauerte mir aber die Sitzung doch zu lange und ich zog neuen Abenteuern entgegen.

21

Mein Freund schilderte später dann schriftlich seinen Erfolg. Die großen Eingeweihten? Wenn sie wüssten, mit welcher Ausgekochheit ich hinter ihre „Kulissen" geblickt hatte. Die würden sich doch ihrer „Eingeweihtheit" etwas schämen".

Wie seid Ihr doch alle in das Garn gegangen, das euch ein Schüler „Cagliostros" vorhielt! Ihr rühmtet Euch der magischen Geheimnisse und besaßet gar keine. Was ihr besitzt, ist eine Wust wertloser Bücher, mit schönen Einbänden und schönen Bildern und einem hungrigen Beutel (Geldbeutel), der nie satt wird und immer nicht genug bekommt.

Das ist eure Magie, die versteht ihr aus dem „ff". Nicht so knapp, da bin ich allerdings ein Stümper dagegen. Freilich nach außen und oben hin, weiße Weste, höchst populär, sonst aber höchst ordinär.

Für meine „aufklärende Tätigkeit" hatte ich mir die Hauptstadt Berlin herausgesucht. Da hoffte ich mir Zusagende kennen zu lernen. „Den Aranstaat" will ich nicht beschreiben, denn ich habe keine Lust, für dieses Luftgebäude Reklame machen. Die zweite Nr. der „Botschaft" soll seit August 1926 erscheinen. Fehlt bis heute leider. „Die Botschaft hör ich wohl, allein mir fehlt der Glaube!"

Der Verfasser der „Talismanischen Dämonologie" (Richard Grötzinger), der ja auch in Berlin wohnt, behauptet in seinem Buche, dass der ausübende Magier wohl ein alter Herr mit langem Bart sein müsse, sonst funktionieren die Vorschriften nicht. Meiner Ansicht nach ist der Verfasser selbst wohl so alt gewesen, als er es schrieb, deshalb funktionierte bei ihm die Formel nicht! In weiser Erkenntnis rät er vom „Teufelspakte" ab. O sancto simplicitas! Ich habe 99 Beschwörungen hinter mir, nur zum Zwecke des Teufelspaktes und muss gestehen, der kann nichts – nur Larifari! Den Leuten so die „Hucke" voll zu lügen. Nicht bloß ich, sondern verschiedene Freunde haben viele Monate fast jede Nacht mit dem gleichen Ziele, Zwecke und Resultat gearbeitet. Nichts kam!

Wir haben den Teufel an die Wand gemalt, um wenigstens etwas zu sehen. So hatte ich leider mit diesen „Herrn" noch nicht die Ehre, persönlich mit einem Besuche beehrt zu werden. Wahrscheinlich bin ich ihm doch etwas zu gewöhnlich oder wohne „auf dem Lande"? Es macht mir Vergnügen diesem Volksmärchen nachzustöbern und jede Persönlichkeit, die im Besitze eines Teufelspaktes sein sollte, aufzusuchen und aufzufordern, mir gleichfalls den „Genuss" einen solchen zu verschaffen. Oder mir wenigstens den „Herrn" auf Besuch zu senden.

Da hättet Ihr mal die Ausreden und Ausflüchte sehen sollen. Kein einziger konnte mir beweisen, dass sein Teufelspakt echt und sein Teufel wirklich da war. Also alles Schwindel. Bitte schön, keine Ausreden! Wer mir das Gegenteil in Natura beweisen will, soll antreten! Ich stehe zu jeder Zeit und Stunde zur Verfügung.

So gerne wie ich nun die Bekanntschaft eines „Erhabenen +++" gemacht hätte, war ich eben zu ordinär oder dem Herrn zu schlau. Er kam nicht. Damit musste ich mir eine neue Bekanntschaft suchen. Diesmal galt es einen dämonischen Buche, welches der Volksmund das „Sechste und siebente Buch Moses" nennt und auf dessen vorderen Blättern mit dem eignen Blute, jedes Mal der Inhaber des Buches seinen Namen zu schreiben hätte. Schön, circa sechs Monate jagte ich von einer Ecke Deutschlands in die andere, um auch nur ein Exemplar zu ergattern. Nichts war! Hat der aber Pech, wird der Leser sagen. Nun wird bald Zeit, dass wir das Büchel zumachen! Nein, wartet nur noch eine Weilchen. Ich hab noch etwas für die Nerven auf Lager. Ihr denkt wohl, ich will euch bloß „streicheln". Nun kommen die Räucherungen. Weil das aber zu schön war, muss ich hier die Hauptperson mit vollem Namen nennen. Die hat verstanden, sage und schreibe 13.000 Reichsmark zu verdienen. Wenigstens das schreibt sie, verdienen. Die Tolknitten! Aus ihrem Wohnorte ist sie verschwunden, weil der Landjäger sich für sie interessierte, da heißt es: Ich bin ein Schwindler, weil ich Magie betreibe, aber, was ich betreibe, hat wenigstens Hand und Fuß. Wenn auch mal ein Talisman zu teuer bezahlt worden ist, weil der „Goldschmied" nichts taugte. Aber ich bin ein ehrlicher Mensch, der was dafür leistet. Diese Tolknitten aber . . . ?! In meinem Nachlasse, der nach meinem Ableben von meinen Kindern veröffentlicht werden soll, steht und liegt alles drinne. Haus, Hof, Grundbesitz, Geschäft, Ehre alles hat jener Mensch zugesetzt, um die Forderungen dieser Hydra zu erfüllen und das Ende? Wenn sie sich hörig verbrannt haben, dann wollen sie das „feuern" lernen. Das heißt, er kam zu mir.

Wie viele Menschen mögen wohl von solchen „Vampiren" ausgesogen werden? Da wird aber mal Zeit, dass da mit harter Hand dazwischen gefahren wird. Nicht durch die Justiz, die ist hierbei machtlos. Nein, durch die Organisation, die sich zum Ziele macht, diese „Giftmischer" und „Auch-Magier" unschädlich zu machen. Diese Organisation muss natürlich ein „Laboratorium" zur Nachprobe und Untersuchung aller „magischen" Präparate, Utensilien, Hilfsmittel, Formeln usw. besitzen. Ferner ein Netz zuverlässiger Vertrauensleute und das Wichtigste, ein Haupt. Einen Menschen, der von Geburt aus „Magier" ist, d. h., dessen Horoskop die

Eignung zeigt. Ebenso sein Leben. Andererseits darf diese Organisation nun auch nicht zum Saugpunkt an der Tasche der Mitglieder werden, sonst nützen die ganzen guten Vorsätze nichts.

Da gibt es Leute, die aus dem Glauben oder Aberglauben ihr ganzes Unternehmen finanzieren. Freilich hochtrabende Titel, feine Geschäftsbriefbogen. Schwere Exempel zu lösen und das Resultat? Was man dafür 150.– RM erhält, ist keine RM wert! Nach astrologischen Gesetzen gearbeitet, steht nur auf dem Papier. Da wird, was zusammen geschustert und der „wirkungsvolle" Talisman ist fertig. Die Menschheit wird mit wirkungslosen Maskottchen überschwemmt. Die richtige magische Arbeit wird nie öffentlich angepriesen.

Nun kommen die Astrologen. Ich muss gestehen, ich war ein heftiger Gegner der Astrologie und bin auch heute noch weit entfernt, alles gut zu heißen. Namentlich die mathematischen Berechnungen haben mir es angetan. Das Meiste, was ich da bis jetzt kennengelernt habe, ist Stoffwissen, d. h., man handelt wie die Professoren im Seziersaal und sucht in toten abgestorbenen Fleischzellen mit dem Messer das Leben. Weil man nun nichts findet, fängt man zu kombinieren an.

Alle Methoden, die mit dem Rechnen Aufschlüsse haben, wollen sich vor Punkten und Aspekten keinen Rat mehr wissen, sind wertlos. Das klingt hart. Wo heute so viele auf die Unfehlbarkeit der Astrologie schwören. Aber es ist richtig. Die meisten Horoskope sind werbetechnische Blickfänger, die viele Worte machen, aber nichts sagen. Freilich hinterher wird großes Geschrei gemacht, das und das habe ich errechnend gefunden. Bitte, meine Herren Kollegen woher!

Nun kommt das Schönste, die Geheimlogen. Hier unterscheiden wir geheime und Geheimlogen. Die Ersteren sind nur mit dem Titel geheime, die zweiten sind überhaupt geheim. Da kann man jahrelang suchen, ehe man Zutritt oder Aufklärung erlangt.

Die sogenannten Geheimen sind ordentlich angemeldet, meist auch gerichtlich eingetragen und gehören direkt oder indirekt irgendeinem Großlogenbunde an. Das sind die Harmlosen. Sie pflegen gewöhnlich indische oder ägyptische Rituale, sonst aber rekrutieren sie im Range der Freimaurerlogen der strikten Observanz.

Anders die Geheimlogen (=99er). Wir können sagen, die geheimen Geheimlogen. Sie sind meist über England nach Deutschland gekommen und gehören einer Einheitsorganisation an, deren sich zur Zeit noch meiner Kenntnis entzieht. Allerdings habe ich ihr „Liebe" gespürt. Das heißt, war

ich selbst daran. Wegen meiner Gutmütigkeit und Hilfsbereitschaft anderen Personen zu helfen, ohne zu fragen, warum und weshalb ist der Zustand entstanden. Gerade so eine Geheimloge kann es sich rühmen, mich materiell und finanziell besiegt zu haben, mehr konnte sie nicht erzielen, selbst unter Zusammennahme aller Kräfte nicht. Ich verzichte natürlich heute aber auch auf solche Leistungen für andere recht gern. Damit darf mir Keiner mehr kommen, so schnell bin ich nicht wieder zur Hilfe bereit.
Meine Bekanntschaft könnte ich ja noch näher erörtern. Niemand hat davon Nutzen. Der Leser nicht, ich nicht, die Geheimloge nicht. Darum suchen wir uns eine neue Bekanntschaft, den Satanismus oder die schwarzen Messen. Davon soll es auch eine Gemeinde im großen Berlin geben (=F.S.). Vielleicht sollen es auch mehrere? Wer weiß die verborgenen Türen? Die es wissen, die schweigen aus Furcht vor Bloßstellung der derben Nachrede. Alle Anhaltspunkte, die ich mir als Köder zur Nachsuchen heraussuchte, waren Blendfeuer. Ich glaube es nicht, dass der Verfasser von „Gott Satan" das Lokal der schwarzen Messen in Berlin weiß. Er will sich nur einen Namen machen, mit einem geheimnisvollen Mäntelchen umhüllen. Andere zum Besten halten.
Bitte beweisen Sie mir das Gegenteil! Zeigen sie mir die Stellen, welche mir Zutritt zu diesen Mysterien gestatten. Denken Sie nicht, dass ich Namen, Ort, Straße jemals nennen werde! Dafür gebe ich mein Ehrenwort. Aber ich will die Wahrheit wissen. Allen Sachen auf den Grund gehen. Für selbst Erfahrungen und Unterlagen sammeln. Weiter nichts, was ich nicht sage, erzählen oder beschreiben will, das verrate ich auch nicht!"

*

Doch es liegt nicht nur am Suchen. Viele wissen einfach nicht, was sie machen sollen. Viele reden von Sachen, die unerfüllte Wünsche sind. Viele lesen Bücher, die angeblich das Brot des Lebens enthalten, aber keiner von denen ist jemals satt geworden.
Wir glauben, dass sich uns alles unterordnet, doch es ist umgekehrt: Wir müssen uns den Gesetzen anpassen, sonst werden wir gebrochen, bis wir die Form haben, die Kosmisch ist. Aber der, der meint, er hätte einen starken Willen, ein Lüftchen bringt ihn schon zu Fall. Und mit diesem Willen wollen die Menschen dann das Schicksal zwingen. Wie soll so etwas gehen? Überhaupt nicht! Nur, wenn wir uns willig in das kosmische Naturgeschehen einfügen, erhalten wir die wahre Erkenntnis aller Geheimnisse. Alles Bücherwissen bleibt totes Wissen, so der innere Trieb fehlt, den Wert und Nutzen der Überlieferungen zu erkennen und zu

25

verstehen, zur praktischen Verwendung. Sonst ist es leerer Wahn und der religiöse Wahnsinn ist ein Zeichen unserer Zeit, hervorgerufen durch die Weltbesessenheit und dem dadurch erzeugten Wahnglauben.

Es gibt viele Systeme des Geheimwissens, die auf der Basis des Wahnglaubens aufgebaut sind und direkt als die Ursache des Wahnsinns dienen. Sie dienen zur Überreizung der Nerven und bilden das Rauschgift für die Unwissenden. Der langsame aber sichere Weg zur körperlichen, seelischen und geistigen Verblendung. Deshalb die Zersetzung, Zersplitterung und gegenseitige Bekämpfung der Lehren, welche in hochtönende Phrasen gehüllt und als höhere Wissenschaft bezeichnet werden. Alles Geheimwissen, welches auf die reine Magie und Mystik gestützt ist, kann auch der einfache Mann verstehen und begreifen, ohne befürchten zu müssen, dass es ihm schadet. Die natürliche Hermetik oder die hermetische Natur kennt keine Heuchelei oder Verstellung, sondern nur Wahrheiten und Tatsachen. Die Lehre über die Elemente bildet die Voraussetzung zum Verständnis der einzelnen Wissensgebiete. Wer dieselbe kennt, und sich in seiner Handlungsweise danach einrichtet, wird nie bewusst oder ungewollt der Überreizung und späteren Zersetzung anheimfallen. Es gibt keinen Widerstand gegen die Reinheit der vier göttlichen Elemente und deshalb soll man Heuchelei und Verstellung meiden, als auch jenen Wahnglauben, denn die Reinheit der Natur will nur das Edle und niemals die Disharmonie.

Die Allmutter Natur kennt nur den steten Ausgleich ihrer positiven und negativen Elemente. Dieser Ausgleich bewirkt das Sein, Werden und Vergehen im Sichtbaren. Das Unsichtbare bleibt als elementarer Teil der unsichtbaren Kraft.

Jeder und jedes gehört an seinen Platz, der ihm von Anbeginn bestimmt ist und den er nie verlassen kann, bevor die Zeit und das universelle Naturgesetz nicht erfüllt ist. Dann wird auch für uns das glückliche Zeitalter anbrechen und wir werden frei von jeder einseitigen Belastung.

Überall, wo Blutrausch verherrlicht wird, in Worten, Gefühlen oder Taten und Blutopfer dargebracht werden, herrscht der Wahnglaube und nicht die wahre Ur-Religion, welche jedes Blutopfer entschieden ablehnt, sei es von Tier oder Mensch, jung oder alt, jetzt oder früher, samt jeden Kult, Ritual oder Handlung, welche damit zusammenhängt.

Es gibt keine Ausnahme im Naturgeschehen. Alles ist Bestimmung. Deshalb wendet euch ab von falschen Großmeistern, Göttern und sonstigen erhabenen und unfehlbaren Meistern, welche Liebediener ihres eigenen

Egoismus sind, denn niemand kann sich etwas nehmen, es sei denn, es wird ihm von oben gegeben. Alle Größen und Genies haben ihre Werke nicht selbst geschaffen, sondern dieselben sind unter unsichtbaren Einflüssen entstanden. Sie alle sind Werkzeuge verborgener Kräfte.

Der wahre Gott und Schöpfer, der sich seines Werkes erfreut, hat kein Interesse daran, das Geschaffene in einer Laune aus Strafe zu zerstören. Wohl geschieht nichts, was nicht im Plane des unerforschlichen Schicksals vorgesehen ist und ist in jedem Unglück auch Glück verborgen. Die Dämonen können dem Schicksal nicht widerstehen. Ihre Härte besitzt kein Recht, in dem, was nicht aus ihr entstanden ist. Daher kann auch der Moloch die unsichtbare Kraft, welche von seinem Schöpfer auf alle Teile seiner Schöpfung überging, niemals ersticken und ausrotten. Alles Unheil und irdisches Elend ist daher ein zeitlich begrenztes.

Wohin wir blicken, sehen wir die Folgen der Weltbesessenheit. Alles scheint unter einer Unordnung zu leiden. Sehr viele Menschen sind zeitweilig oder dauernd besessen von irgend einer fixen aber falschen Idee, Anschauung oder Meinung, aber sie wissen es nicht! Die Politik, der Handel, die Medien, die religiösen Irrlehren und fanatische Sektiererei bringen immer neue Arten und Varianten der Besessenheitszustände hervor. Das größte Übel ist der Wahnglauben, welcher den Urheber der Weltbesessenheit, den Moloch, verherrlicht und die Hermetik zu unterdrücken sucht. Wer nicht pariert, wird vernichtet im Wahn der Materie und dessen Blut überschwemmt die Erde. Und was nicht bluten kann, verspritzt seine „Säfte" im Dienste der Dämonen. Das endet im unbewussten Baalskult des anderen Gottes. Dabei bleibt nichts übrig, was dem Licht, der Reinheit und der Schönheit huldigt. So traurig es im Moment um die irdische Menschheit bestellt ist zur Zeit, so glücklich wird sie werden, wenn der Wahnglaube, die Irrlehren und die Ursache der Weltbesessenheit endgültig überwunden sind. Dann kommt die wahre Kultur und Kunst zum Vorschein, für die manch ein Menschlein arbeitet. Es wird sich in allen Dingen alles nach den vier Elementen und der Polarität richten, in den Schulen werden die kleinen Kinder schon mit Geschichten und Erzählungen auf die Hermetik vorbereitet. In größeren Lehrsälen an den Universitäten werden von Hermetikern Vorträge über Magie und Mystik gehalten, wo Scharen von Menschen zuhören werden, aus allen Schichten und Berufsklassen der Bürger. Man wird ihnen stauend zuhören und die Lehren verinnerlichen. Alle Berufe werden sogar auf die vier Elemente ausgelegt, es werden alle Analogien verwendet, so dass die ganze

Welt die hermetischen Lehren nicht nur theoretisch sondern auch praktisch verfolgen wird. Kurz: Die Hermetik von Franz Bardon wird zur Weltreligion!

Da verschwindet der Neid, Hass, Zwietracht, Rachsucht, Geiz, Habsucht, Egoismus, sexuelle Gier und noch so viele tierische Leidenschaften, die nie weder im positiven noch negativen Seelenspiegel enthalten sein dürfen. Man muss das Grobe von Feinen trennen und der Ausgleich wird zum Mittelpunkt der Welt gemacht. Nichts bleibt über von dem Wahn und Irrlehren. Man wird sich wundern, wie solche überhaupt entstehen konnten. Einzig und allein der Dienst an seiner Gottheit besteht, den der Neophyt durch die Werke von Franz Bardon praktizieren wird. Denn alles und jeder geht seinen Weg der Gottheit entgegen.

*

In der Zeitschrift „Zum Licht" – Jahrgang 1927, Heft 2, Seite 29 – steht dazu ein passender Aufsatz, der auf den vorhergehenden Beitrag vom Okkultisten Peryt Shou über die Riesen-Sonne Stellung nimmt:

Nachwort der Schriftleitung

Es ist wenig bekannt, dass auch die astronomische Wissenschaft neuerdings mit der Möglichkeit oder Wahrscheinlichkeit des Vorhandenseins einer riesenhaften Zentralsonne rechnet, über deren Standort freilich die Meinungen auseinander gehen; manche suchen dieses Zentralgestirn, um das sich unser ganzes bekanntes Weltsystem rhythmisch schwingt, in den Plejaden. Peryt Shou, unser geistvoller Mitarbeiter, sucht es in dem Orionstern Beteigeuze. Wir halten dafür, dass – mag jenes Großgestirn liegen wo immer, – unsere nächste Seelenstufe die Verbindung mit unserer *Sonne* sein muss, in deren Licht und Kraft sich uns die kosmische Urseele am nächsten und erschütterndsten offenbart. **Warum fern ins Weltall schweifen – sieh, das Gute liegt so nah!**

Dr. Georg Lomer

4. Ekstase – Teil I – Ramakrischna
H. S.

Die elementare Vorstellung darin ist die einer – mehr oder minder körperhaft gedachten – Vereinigung mit Gott. Ekstasis heißt ursprünglich: Eingehen in den Gott, Enthusiasmos – Erfülltsein vom Gotte. Essen des Gottes, Einatmen des göttlichen Feuerhauchs, Liebeseinigung mit dem Gott (diese Grundform ist aller späteren Mystik eigen geblieben), Neugezeugt werden, Wiedergeburt durch den Gott, Auffahrt der Seele zu Gott usw.

Von allen Erlebnissen, von denen man, um ihre Unvergleichbarkeit zu kennzeichnen, sagt, sie könnten nicht mitgeteilt werden, ist die Ekstase allein ihrem Wesen nach das Unaussprechliche. Sie ist es, weil der Mensch, der sie erlebt, eine Einheit geworden ist, in die keine Zweiheit mehr hineinreicht. Das, was in der Ekstase erlebt wird (wenn wirklich von einem „Was" geredet werden darf), ist die Einheit des Ich. Aber um als Einheit erlebt zu werden, muss das Ich eine Einheit geworden sein. Nur der vollkommen Geeinte kann die Einheit empfangen. Nun ist er kein Bündel mehr, er ist ein Feuer. Nun sind der Inhalt seiner Erfahrung und das Subjekt seiner Erfahrung, nun sind Welt und Ich zusammengeflossen. Nun sind alle Kräfte zusammengeschwungen zu einer Gewalt, sind alle Funken zusammengelodert zu einer Flamme.

Meister Eckhard beschreibt die Ekstase so: „Nun spricht die Braut im Hohenliede: Ich habe überstiegen alle Berge und all meine Vermögen, bis an die dunkle Kraft des Vaters. Da hörte ich ohne Laut, da sah ich ohne Licht, da roch ich ohne Bewegen, da schmeckte ich das, was nicht war, da spürte ich das, was nicht bestand. Dann wurde mein Herz grundlos, meine Seele lieblos, mein Geist formlos und meine Natur wesenlos. Nun vernehmet, was sie meint! Dass sie spricht, sie habe überstiegen alle Berge, damit meint sie ein Überschreiten aller Rede, die sie irgend üben kann aus ihren Vermögen, – bis an die dunkle Kraft des Vaters, wo alle Rede endet."

Das ist der Sinn dessen, was wir in dem Buche des Hierotheos (des Syrers Stefan bar Sudaili) lesen – desselben Hierotheos, soweit wir urteilen dürfen, von dem es in den areopagitischen Schriften heißt, er habe das Göttliche nicht bloß erfahren, sondern auch erlitten: „Mir scheint es recht, ohne Worte zu sagen und ohne Erkenntnis zu verstehen das, was über Worten und Erkenntnis ist: Dieses meine ich nichts anderes zu sein als das geheime Schweigen und die mystische Ruhe, die das Bewusstsein vernichtet und die Formen auflöst. Suche denn, im Schweigen und im Geheimnis, jene vollkommene und ursprüngliche Vereinigung mit dem wesenhaften Ur-Gut."

Worte Ramakrischnas

1. Der Namen Gottes sind viele und unendlich die Gestalten, die uns hinleiten, ihn zu erkennen. Mit welchem Namen, in welcher Gestalt du ihn zu rufen begehrst, in eben diesem Namen, in eben dieser Gestalt wirst du ihn schauen.
2. Wie viele vom Schnee gehört, aber ihn nicht gesehen haben, so sind da viele religiöse Prediger, die nur in Büchern von Gottes Attributen gelesen, aber sie nicht in ihrem Leben erfahren haben. Und wie viele den Schnee gesehen, aber ihn nicht gekostet haben, so sind da viele religiöse Lehrer, die nur einen Blick der göttlichen Glorie erhascht, aber ihr wahres Wesen nicht verstanden haben. Wer den Schnee gekostet hat, kann sagen, wie er schmeckt. Wer die Gemeinschaft Gottes in verschiedenen Erscheinungen genossen hat, jetzt als Diener, jetzt als Freund, jetzt als Geliebter oder als in ihm Versunkener, der allein kann sagen, welches die Attribute Gottes sind.
3. Auf einer bestimmten Strecke seiner Andachtsbahn findet der Andächtige Befriedigung im gestalteten Gotte, auf einer andern im gestaltlosen.
4. Solange ein Mensch laut „Allah Ho! Allah Ho!" (O Gott! O Gott!) ruft, seid gewiss, dass er Gott noch nicht gefunden hat, denn wer ihn gefunden hat, wird still.
5. Ein Logiker fragte einst Sri Ramakrischna: „Was sind Erkenntnis, der Erkennende und der erkannte Gegenstand?" Darauf erwiderte er: „Guter Mann, ich weiß all diese Unterscheidungen der Schulweisheit nicht. Ich weiß nur meine göttliche Mutter und dass ich ihr Sohn bin."
6. Die Erkenntnis Gottes kann einem Manne, die Liebe Gottes einem Weibe verglichen werden. Erkenntnis hat Zugang nur in die äußeren Räume Gottes, aber niemand kann in Gottes innere Mysterien eintreten als ein Liebender allein, denn wie dem Weibe sind ihm die heimlichsten Gemächer erschlossen.
7. Gott ist in allen Menschen, aber alle Menschen sind nicht in Gott:

darum leiden sie.

8. Er sprach zu den Frauen, die die Gesellschaft nicht anrühren mag:
   „Mutter, in der einen Gestalt bist du in der Gasse, und in einer
   andern Gestalt bist du das All. Ich grüße dich, Mutter, ich grüße
   dich."

9. Ich sehe, ich erfahre, dass alle drei aus einer Wesenheit kommen –
   das Opfer, der Opferstein und der Opferer.

10. Mutter, ich bin das Werkzeug, du bist der Werkmann, ich bin die
    Kammer, du bist der Bewohner, ich bin die Scheide, du bist das
    Schwert, ich bin der Wagen, du bist der Lenker.

11. Als er todkrank kaum noch reden und schlucken konnte, sprach er:
    Ich rede und esse jetzt mit so vielen Mündern.

5. Eine sonderbare Entdeckung
Daityanus

In diesem Sommer lernte ich zu meiner großen Freude Deutschlands ältesten Astrologen, Herrn Albert K., persönlich kennen. Unter anderem kam die Sprache auch auf den bekannten, leider kürzlich verstorbenen Erforscher des Ariertums, Guido von List. Herr K. entnahm seiner Bücherei den Band „Guido von List" von Johannes Balzli (Wien 1917) und zeigte mir einige auf Ariertum bezügliche besonders wertvolle Stellen darin. Wie das nun kam, weiß ich nicht sehr genug, es geriet das Gespräch mit einem Mal auf das Gebiet des Spiritismus, während wir uns noch mit dem eben genannten Buch, das nebenbei bemerkt illustriert ist, beschäftigten. Herr K. schlug das Buch nun bei Seite 34 auf und ich erblickte eine ganzseitige Wiedergabe einer fotografischen Aufnahme von Guido von List, der in seinem schönen Arbeitszimmer am Schreibtisch sitzt.

„Fällt Ihnen an dem Bild nichts auf?", fragte mich Herr K., der übrigens über wichtige Mitteilungen zu verfügen scheint. Nachdem ich das Bild nochmals genau betrachtet hatte, musste ich die Frage verneinen! In liebenswürdigster Weise unterrichtete mich Herr K. nun darüber, dass Folgendes auf dem Bild zu sehen sei: Einmal der astrale Doppelgänger von Guido von List, oder sein Fluidal, ferner im Raum oder richtiger auf dem ganzen Bild verteilt eine große Anzahl der von Guido von List so geliebten alten Germanen(köpfe)! Ich musste mich (leider verfüge ich auch nicht über die hervorragenden Augen von Herrn K.) zunächst erst an die eigentümliche Art des Sehens gewöhnen, bei dem es darauf ankam, Nebensächliches als Hauptsache scharf zu betrachten, und musste dann zu meiner Überraschung Folgendes feststellen:

Auf dem genannten Bild steht der Fluidal von Guido von List tatsächlich hinter seinem Körper. Er wächst zwischen Sessellehne und List´s Rücken heraus. Ferner sah ich alte Germanengesichter mit dem bekannten Hörnerschmuck an folgenden Stellen des Bildes: An den Beinen, der Brust und dem rechten Rockärmel von Guido von List. Oberhalb der Gardinenstange, in der rechten Schreibtischfüllung, oberhalb des rechts an der Wand befindlichen Schlachtenschwertes, sowie hinter dem Sessel, auf dem von List sitzt. Endlich entdeckte ich in fast allen dunklen, schattigen Stellen des Bildes noch Gesichter. Meistens waren es ausgesprochene alte Germanengesichter mit Hörnerschmuck. Ich möchte gleich hier bemerken, dass die drucktechnische Wiedergabe der Fotografie sehr exakt war und dass ich später auf einem weniger dunklen Abdruck bedeutend mehr Mühe hatte, die Gesichter usw. wieder herauszufinden. – Schon auf dem Nachhausewege beschäftigte ich mich in meinen Gedanken fortwährend mit dieser seltsamen Entdeckung. Von dem Fluidal einmal abgesehen. Ähnliches (Odstrahlung) hatte ich kürzlich abgebildet gesehen in dem vorzüglichen Werk von Fr. Kallenberg: „P-Strahlen" im Bilderanhang letztes Blatt. Was mochten aber nun die sehr zahlreichen Gesichter sein, bzw. welchen Ursprung haben sie? Nach reichlichen Überlegungen kam ich zu folgenden Erwägungen:

1. Die Gesichter stellten sichtbar gewordene Gedankenbilder dar, die infolge der Intensität des Denkens für die fotografische Kamera wahrnehmbar geworden waren und infolgedessen auch wiedergegeben wurden. (Animismus.)
2. Die Gesichter sind tatsächliche schwache Teilmaterialisationen von Germanen, die wirklich einmal auf der Erde weilten (Spiritismus).

Eine dritte Möglichkeit, wie Spiegelungen und ähnliche Täuschungen, hielt ich nach eingehender Überlegung für vollkommen ausgeschlossen, höchstens käme eigenes Hellsehen in Betracht. Ehe ich mich nun für Punkt 1 oder 2 entscheiden mochte, beschloss ich zunächst eine gründliche Durchsicht des in meinem Besitz befindlichen sehr reichlichen Bildermaterials, soweit dieses irgendwie mit fotografischer Technik zusammenhing.

Um es gleich vorweg zu bemerken, ich brauchte wenig zu suchen, um ein geradezu ungeheures, schier erdrückendes Beweismaterial für die sonderbare Entdeckung von Herrn K. zu finden! Das erste Werk meiner umfangreichen Bücherei, mit dem ich mich beschäftigte, war das großartige Buch von Dr. med. Freiherrn von Schrenck-Notzing: „Materialisations-Phänomene", München 1914. Dieses kostbare Werk eignete sich für meine Untersuchungen schon aus dem Grunde am besten, weil es eine überaus große Anzahl von fotografischen Aufnahmen enthält, die typographisch in höchster Vollendung wiedergegeben sind und deren Originale – was für mich sehr ins Gewicht fiel – unter allen nur irgend erdenklichen Vorsichtsmaßregeln gegen beabsichtigte und unbeabsichtigte Täuschung entstanden sind. Es ist nun selbstverständlich hier absolut ausgeschlossen, etwa alle Bilder des Werks der Reihe nach in Bezug auf – nennen wir sie einmal – Nebenbilder zu besprechen! Es sei aber hier ausdrücklich behauptet, dass alle Abbildungen des Buches, soweit sie nicht

Handzeichnungen wiedergeben, derartige Nebenbilder enthalten!

1. Abbildung 1. Originalaufnahme. Andre Bisson. Rechts und namentlich links von der in der Mitte befindlichen Materialisation befinden sich auf dem sehr dunklen Untergrund (Vorhang?) noch dunklere fratzenhafte Gesichter. Die Materialisation selbst weist überall, namentlich in der unteren Hälfte, alte und junge Gesichter auf. Aus diesen scheint sie, genau genommen, zusammengesetzt zu sein.

2. Abb. 7. Blitzlichtaufnahme des Verfassers (v. Schrenck-Notzing). Etwas oberhalb des Mediumkopfes links zeigt sich ein Gesicht etwa so groß als das des Mediums, umwallt von einer Allongeperücke, darunter noch mindestens vier weitere Gesichter

3. Abb. 21. Vergrößerung von Abb. 20. Das Bild zeigt den Kopf des Mediums, über den sich von oben nach unten, ihn teilweise verdeckend, eine Materialisation (Teleplasmastreifen) hinzieht. Neben diesem Streifen oben rechts 4 cm vom oberen Rande befindet sich ein ganz prachtvoll wahrnehmbares „Nebenbild", ein anscheinend jugendlich weiblicher Kopf, der nach rechts unten sieht. Deutlich sieht man das Weiße des rechten Auges (vom Beschauer aus links). Besonders klar! Darunter ein hässliches dickes Gesicht mit sehr dunkler Nase.

4. Abb. 29. Blitzlichtaufnahme des Verfassers. Die von der Geisterhand ergriffene Zigarette zeigt mit ihrem linken Ende genau in das linke (vom Beschauer aus rechte) Auge eines Gesichts.

5. Abb. 36. Erste Blitzlichtaufnahme des Verfassers. Deutlich sieht man hier rechts neben der weißen Stelle drei ineinandergeschobene Gesichter, dergestalt ineinandergeschoben, dass die Augenpartie des zweiten Gesichts den Mund des ersten mit bildet.

6. Tafel II (zwischen Seite 182 und 183). Genau in der Mitte am linken Rand ein wundervoll deutlich ausgebildetes Gesicht mit lockigen Stirnhaaren. Ferner auf diesem Bild allenthalben eine Menge verschwommener Gesichter!

Damit wollen wir die Beispiele schließen, von denen sich noch unendlich viele anführen ließen. Das letztgenannte ist besonders deshalb interessant, weil der vom Medium gehaltene Vorhang Falten wirft, die jede Selbsttäuschung, das Bild sei „zufällig" entstanden, völlig ausschließen. – Übrigens kann man Skeptikern, die wohl die Nebenbilder sehen, diese aber auf „zufälligen" Faltenwurf des Untergrundes, Schattenwirkungen zurückführen wollen, mit Recht entgegnen, dass man dann doch ebenso gut Zahnräder, Sternfiguren usw. sehen müsste als ausgerechnet immer Gesichter! Oft freilich hat es tatsächlich den Anschein, als wenn das Nebenbild gern vorhandene Schatten ausnützt, ein Vorgang, der wegen der meistens notwendigen Dunkelheit bei Materialisationsmengungen zum mindesten erklärlich ist. – Dass das vom Medium produzierte Teleplasma sich aus unzähligen Gesichtern zusammenzusetzen scheint, wurde schon erwähnt. Abb. 38 und 39 zeigen dies besonders gut, sowie auch Abb. 17: Mikrofotogramm eines Gewebeteils (aus dem in Abb. 16 reproduziertem Hautstück). Hier wolle man eine Lupe zu Hilfe nehmen. Auch in allen anderen Werken mit fotografisch-technischen Abbildungen begegneten mir stets Nebenbilder. So fand ich z. B. auch in der Bilderbeilage des „Hamburger Fremdenblattes" stets Nebenbilder, ebenfalls in der bekannten „Berliner Illustr. Zeitung". Immer da, wo der fotografische Apparat lebende Personen aufgenommen hat, hingegen selten, wo nur gemalte Bilder fotografisch wiedergegeben wurden. – Welche von den vorher genannten beiden Annahmen ist nun richtig? Handelt es sich um animistische (von Verstorbenen herrührende) Nebenbilder? Kommt schließlich auch noch eigenes Hellsehen des Beschauers ernstlich in Betracht? Ich möchte das zunächst auch nicht gern entscheiden. Obwohl durchaus kein Freund von Kompromissen, möchte ich alle drei Möglichkeiten annehmen. Bei Guido von List spricht fast alles nur für seine eigenen Gedankenbilder (Animismus).

Bei den Schrenck-Notzing'schen Nebenbildern dürfte es sich sehr wahrscheinlich um beides handeln, d. h. Medium und Geister. Was aber z. B., wenn man auf der Reproduktion einer Rennbahn im Boden der Bahn überall deutlich Gesichter sieht? Die Rennpferde dürften derartigen animistischen Regungen namentlich während des Rennens kaum zugänglich sein. Auch bei sogenannten Liebhaberfotografien sieht man stets Nebenbilder, namentlich bei dunklem Untergrund und vielem Schatten, aber oft solch ausgesucht hässliche Fratzen (wie ich z. B. bei einer Aufnahme meiner 6 Monate alten Tochter), dass man unmöglich Animismus annehmen kann.

Mir wurde nun unlängst vorgehalten: „Warum zeigen sich denn nur Köpfe bzw. Gesichter?" Diesem Einwand ist doch leicht zu begegnen durch die Tatsache, dass, wenn z. B. jemand irgendwo hineinsehen will, er zuerst natürlich seinen Kopf hineinsteckt und nicht etwa seinen Fuß! Gibt es im allgemeinen nicht sichtbare geistige Intelligenzen, die sich bei gebotenen

Gelegenheiten mit Materie bekleiden können, so werden sie doch nach meiner Ansicht selbstverständlich zuerst ihren Kopf, den Sitz des Wahrnehmungsvermögens, zu materialisieren suchen. Zum Schluss sei hier noch eine besondere Beobachtung mitgeteilt, die eine ernste Warnung enthält. Ich untersuchte die Nebenbilder auch mit dem Pendel und fand hier fast ausnahmslos einen rein gelben westlichen Pendelausschlag, verbunden mit unsagbar widerwärtiger Empfindung für mich. Diese hielt z. B. beim Bependeln des Materialisationsbildes im Schrenck-Notzing'schen Werk Abbildung 135 (Phantom) drei volle Tage an! Aus diesem Grunde pendele man in keinem Fall ohne zwingende Gründe Phantombilder aus, namentlich nicht längere Zeit hintereinander! Es würde mich ungemein freuen, wenn die hier besprochene Entdeckung von berufener Seite nachgeprüft und weiter untersucht werden würde, denn es ist doch nicht ohne größtes Interesse, positiv zu wissen, ob man, wo man geht und steht oder – schläft, von solchen ungeheuren Mengen von Intelligenzen umgeben und – durchdrungen wird.

Schließlich möchte ich noch einen ganz klaren Begriff von der Art des Anblickens der Bilder zwecks Entdeckung der Nebenbilder geben: Die Bilder erscheinen deutlich meist erst nach mehreren Sekunden Betrachtung in der Schärfe, wie die Engelsköpfchen im Himmel auf dem bekannten Gemälde der Sixtinischen Madonna. [Mir passierte es übrigens öfter, dass sich die Nebenbilder beim langen Betrachten gleichsam zu verändern schienen; eine Erklärung hierfür könnte ich aber nur in einer Art von Hellsehen erblicken.]

6. Briefe von Apollonius
Flavius Philostratus

Nach Aussage der Schülerin von Franz Bardon – Otti Votavova – war Meister Arion Apollonius von Thyana, weswegen wir diese Briefe in der Zeitschrift „Der hermetische Bund teilt mit" herausbringen. Übersetzt wurden sie von Adolph Heinrich Christian, Professor am K. Württemb. Lyzeum zu Ludwigsburg. Doch zuvor etwas über seine

Geburtsgeschichte von E. Balzer:

„Apollonius und das Werk, aus dem wir ihn kennen, leuchtet heutzutage noch, wie nun bald zwei Jahrtausende, in dem allerseltsamsten Farbenglanze. Die Einen sagen: Das Buch ist ein „Märchenbuch", nichts weiter; Apollonius hat gar nicht existiert. Wenn es das ist, und zwei Jahrtausende ein Weltinteresse sich erhalten konnte, so verdient es wohl, dass wir es kennen lernen, und zwar nicht durch flüchtiges Hörensagen, sondern durch eigene Lektüre. Andere meinen, Apollonius habe zwar nicht existiert, aber Philostratus habe dies Phantasiebild erfunden, um einen Heidenheiland dem Christenheiland feindlich gegenüberzustellen, und den letzteren durch ersteren zu besiegen. Wenn dem so ist, wie interessant muss das Buch sein mit seiner Personifizierung des verjüngten klassischen Altertums, das, ein Herkules geistiger Art, das Christentum besiegen sollte. Apollonius war gebürtig aus Tyana, einer griechischen Stadt im Lande der Kappadozier (heute Türkei). Sein Vater führte denselben Namen, seine Familie war alt und reich. Geboren soll er auf jener Wiese sein, wo jetzt sein Tempel steht, und wie das zuging, sei hier mitgeteilt. Als die Stunde der Geburt nahte, hatte seine Mutter ein Traumgesicht, sie solle auf diese Wiese gehen und Blumen pflücken. Als sie nun hier angekommen, gingen ihre Dienerinnen den Blumen nach und zerstreuten sich auf der Wiese, sie selbst aber ließ sich im Grase nieder und sank in Schlummer. Da kamen die Schwäne, welche die Wiese nährte, umringten die Schlafende im Chor und sangen nach gewohnter Weise, die Flügel schwingend, ihr Lied, und ein leiser Zephyr wehte über die Wiese. Sie aber fuhr bei dem Gesang auf und gebar; denn jeder Schrecken fördert die Entbindung, selbst vor der Zeit. Die Eingeborenen aber sagen, dass im Augenblicke der Geburt ein Blitz zur Erde fuhr, der wiederum sich zum Äther erhob und verschwand. Damit wollten, wie ich meine, die Götter zeigen und vorbedeuten, welch ein Mann das sein werde, glänzend erhaben über alles Irdische, den Göttern nahe!"

Seine Jugendgeschichte:

„Als er nun zum Schüler heranwuchs, zeigte er bedeutende Gedächtnisstärke und Denkkraft, sprach ein reines Attisch ohne Beimischung des Volksdialekts und zog durch seine Schönheit aller Augen auf sich. Als er aber vierzehn Jahre alt war, brachte ihn sein Vater nach Tarsus zum Euthydemus aus Phönizien. Euthydemus, ein guter Rhetor, unterwies ihn; er aber hielt zwar treu an seinem Lehrer, Sitte und Denkweise der Stadt indessen hielt er für verderblich. Nirgends nämlich ist der Luxus so groß wie hier, Übermut und Possen sind guter Ton, und feine Kleider liebt man hier mehr als in Athen die Weisheit. Der Kydnos fließt durch die Stadt; an diesem sitzen die Bewohner immer wie Wasservögel, daher Apollonius in einem seiner Briefe von ihnen sagt: Höret auf, Euch im Wasser zu berauschen!
Unter Zustimmung seines Vaters zog er daher mit seinem Lehrer nach dem nahen Aegä, wo eine dem philosophischen Studium dienliche Ruhe und jugendfrischer Geist herrschten, und ein Tempel des Äskulap sich befand, in welchem der Gott sich den Menschen offenbarte. Hier gab es Platoniker, Chrysipeer. Peripatetiker, selbst Epikureer hörte er und verschmähte ihre Lehren nicht, den Pythagoreern aber gab er sich mit unaussprechlicher Liebe hin. Sein Lehrer in der Pythagoreischen Philosophie war übrigens kein geeigneter Mann, denn für ihn war die Philosophie im Leben wirkungslos; Gastronomie und Sinnenlust beherrschten ihn und gestalteten sein Leben nach Epicureischer Weise.
Als er sechzehn Jahre alt, erhob er sich, von einer höheren Macht beflügelt, zu pythagoreischem Leben. Da Apollonius nun mit einem großen Gedanken umging, frug man ihn, wie er zu beginnen gedenke?
„Wie die Ärzte", war die Antwort, „die den Unterleib rein halten, und so die Einen gesund erhalten, die Andern gesund machen."
Diesem Ausspruch folgend, verschmähte er alle tierischen Nahrungsmittel als unrein und geisttötend und genoss nur Vegetabilien, die er für rein hielt, weil die Erde sie unmittelbar hervorbringt. Den Wein erklärte er zwar für ein reines Getränk, da es von so edlem Gewächse stamme, aber er sei der menschlichen Geistesklarheit feind, da er den Äther der Seele trübe. Nächst dieser Fürsorge für Körperreinheit schmückte er sich mit Barfüßigkeit, trug,

da er tierische Kleidungsstücke verwarf, nur linnenes Gewand, ließ das Haar wachsen und lebte im Tempel. Die Diener des Tempels aber bewunderten ihn, und als Äskulap einst zum Priester sagte, er freue sich, dass Apollonius Zeuge seiner Heilungen sei, da ging diese Kunde aus, und die Cilizier und andere Umwohner kamen nach Aegä. Daher das Cilizische Wort: „Wohin so eilig? Zum Jüngling wohl?", sein sprichwörtliches Ansehen erhielt.

Die Zeit seines Schweigens brachte er teils in Pamphilien teils in Cilicien zu, und lebte unter diesen Stämmen, doch ohne Wort, ohne Laut. Kam er in eine Stadt voll Aufruhr – und in vielen Städten fand er solche vor wegen der schlechten Schauspiele – so trat er auf, zeigte sich, und kaum begann er mit Hand und Miene den Tadel, so hörte alle Unordnung auf, und Stille herrschte wie in den Mysterien.

Nach Beendigung seines Schweigens ging Apollonius nach der großen Stadt Antiochien und begab sich in den Tempel des Daphnischen Apollo. Apollonius beschloss nun Unterredungen über wissenschaftliche Dinge zu halten, er mied vielbesuchte geräuschvolle Plätze. Dagegen hielt er sich gern an heiligen Orten auf und wohnte in offenen Tempeln. Er lud die Priester zu sich, philosophierte mit ihnen über die Götter und belehrte sie, wenn sie von der alten Überlieferung abwichen; waren die heiligen Gebräuche aber fremdartig und eigentümlich, so forschte er, wer sie gegründet und in welcher Absicht.

Kannte er den Dienst und wusste etwas Weiseres anzugeben, so teilte er es mit. Seine Schüler unterwies er und ließ sie beliebige Fragen stellen. Er lehrte sie: Wer überhaupt in dieser Weise Philosoph werden wolle, müsse des Morgens der Andacht pflegen, späterhin über göttliche, dann erst über menschliche Dinge Unterredung halten."

*

Weitere Informationen über diese Inkarnation des Meisters findet man in dem Buch „Die Verkörperungen des Meister Arion". Nun zu den Briefen, dessen Inhalt hier wiedergegeben wird:

Philostratus, des Älteren,
Briefe des Apollonius von Tyana.

1. An Euphrates, dem Ägypter

Philosophen bin ich in Freundschaft zugetan; Sophisten dagegen oder

39

Grammatikern oder ähnlichem Gelichter bin ich weder jetzt gewogen, noch möchte ich´s in der Folge werden. Dies gelte indes nicht Dir; es sei denn, Du gehörtest gleichfalls zur Zahl dieser unseligen Menschen. Folgendes aber sei vorzugsweise Dir gesagt: Bezähme Deine Leidenschaften, und bestrebe Dich, ein Philosoph zu werden, ohne diejenigen zu beneiden, welche nach echter Weise philosophieren. Denn bereits naht das Alter Dir und der Tod.

2. An Denselben.

Anlage, Unterricht, Übung sind die Grundlagen jeglicher Tüchtigkeit, und um dieser willen ist von jenen dreien jedes willkommen und wünschenswert. Erforsche nun, ob auch Dir etwas davon zu Teil geworden. Sonst musst Du der Sophistik fürderhin entsagen oder Du musst sie wenigstens unentgeltlich üben mit denen, die sich Dir widmen; dieweil bereits Deine Schätze fast die eines Megabyzos (=prahlender Reicher) überwiegen.

3. An Denselben.

Du hast die Völkerschaften von Syrien an bis nach Italien durchwandert. Damals bestand Deine Habe im Mantel, im weißen langen Bart und in weiter nichts. Wie kommt es doch, dass Du jetzt zur See zurückkehrst, mit Dir führend ein Lastschiff, befrachtet mit Silber, Gold, allerhand Gefäßen, bunten Gewändern und Kostbarkeiten jeder Art, Zeichen von Übermut, Prahlerei und unseligem Treiben? Was will diese Fracht und diese neue Art von Handel? Zeno handelte mit Baumfrüchten. (Der Sinn dieser Worte ist: „Zeno, der Stoiker zu dessen Schule zu gehören Du Dich rühmst, war mäßig und begnügte sich mit der einfachsten Nahrung". Die stoischen Philosophie sieht in der kosmologischen, auf Ganzheitlichkeit der Welterfassung gerichtete Betrachtungsweise, aus der sich ein in allen Naturerscheinungen und natürlichen Zusammenhängen waltendes universelles Prinzip – Akasha – ergibt. Für den Stoiker als Individuum gilt es, seinen Platz in dieser Ordnung zu erkennen und auszufüllen, indem er durch die Einübung emotionaler Selbstbeherrschung – von Geist, Seele und Körper – sein Los zu akzeptieren lernt und mit Hilfe von Gelassenheit und Seelenruhe – Ausgeglichenheit – zur Weisheit strebt. Dass die Genügsamkeit Zeno's zum Sprichwort geworden ist, berichtet Diogenes

Laert. VII, 27.)

4. An Denselben.

Nur Weniges bedürfen Deine Kinder, sind sie Kinder eines Philosophen. Es ziemt sich somit, Dich nicht zu kümmern um den Erwerb von mehr als das Bedürfnis heischt, vorab wenn sich zum Erwerb die Schmach gesellt. Dieweil es indes geschehen, solltest Du Dich beeifern, Anderen einen Teil Deines Reichtums zu spenden. Du hast ja ein Vaterland und Freunde.

5. An Denselben.

„Du bekräftigst durch Deinen Wandel die Lehre des Epikurus, und bist so weit entfernt ein echter Stoiker zu sein, dass Du selbst den Epikurus im Streben nach sinnlichen Genüssen überbietest". Unter Epikurus Lehren bedarf die von der sinnlichen Lust fortan keines Verfechtens mehr aus dessen Schule, noch des Mannes eigener Beweisführung. Denn auch in der Stoa hat sich deren Wahrheit auf's deutlichste erprobt. Trittst Du mit Chrysippus – welcher unter allen Stoikern diese Lehre des Epikurus am heftigsten bekämpfte – Lehren und Satzungen mir entgegen, so steht ja auch wohl in des Kaisers Briefen geschrieben: „Euphrates hat Geld genommen, und abermals genommen. Dies aber hat selbst Epikurus nicht getan."

6. An Denselben.

Ich habe reiche Leute befragt, ob sie wohl Gram und Überdruss empfänden. Wie sollten wir es nicht? sprachen sie. Als ich sofort nach der Ursache ihres Kummers forschte, schoben sie die Schuld auf den Reichtum. Und Du, Unglückseliger, freust Dich Deiner frisch zusammengerafften Schätze.

7. An Denselben.

Sobald Du nach Aegä gekommen und dort Dein Schiff wirst entlastet haben, musst Du eilends wieder nach Italien zurückkehren und durch Schmeichelei für Dich gewinnen Kranke, Greise, alte Weiber, Waisen, Prasser, Weichlinge, Vornehme, Sklaven ohne Unterschied. Ein Schiffsherr muss, wie man sagt, alle Tauen in Bewegung setzen (d. h. „alle möglichen

Mittel anwenden, um seinen Gewinn zu erhöhen). Was mich betrifft, so bescheide ich mich gerne, in der Themis Tempel das Salzfass zu durchtasten (D. h.: „Arm und dabei gerecht sein ist mir lieber, als der Besitz deiner ungerecht erworbenen Reichtümer").

8. An Denselben.

Wirst wohl auch Du mit Klagen gegen mich auftreten? Bist Du dazu freimütig genug, so kannst Du jene gemeinen und allbekannten Beschuldigungen vorbringen: „Es verweigert Apollonius jegliches Bad". (Alle diese Vorwürfe, welche Apollonius nach seiner Art lakonisch beantwortet, beziehen sich auf seine Pythagorische Lebensweise). Auch geht er nie aus dem Hause und erhält seine Füße rein von Schmutz. – „Nie sieht man ihn ein Glied seines Leibes bewegen". Dagegen ist sein Geist in steter Tätigkeit. – „Er lässt sein Haupthaar wachsen". Tut's ja der Hellene, weil er kein Barbar, sondern Hellene ist. – „Er trägt ein leinenes Gewand." Auch bringt er die reinsten aller Opfer dar. – „Er übt die Kunst der Weissagung". Ist doch des Unbekannten mehr als des Bekannten, und gibt es außerdem kein Mittel, Künftiges vorherzusehen. – „Aber es ziemt dies dem Philosophen nicht". Was Gott selbst ziemt? (Diese Antwort bezieht sich auf den Pythagorischen Satz, dass Gottähnlichkeit der höchste Zweck der Philosophie sei.) – „Er befreit von körperlichen Schmerzen und stillt die Leiden der Seele". Auch gegen Asklepius wurde diese Beschuldigung vorgebracht. – „Er genießt seine Nahrung in Einsamkeit". Andere zechen. – „Seine Reden sind kurz und beschränkt". Weil er des Schweigens fähig. – „Er enthält sich jeglichen Fleisches und aller Tiere". Dafür ist er Mensch. – Sagst Du mir, dass diese Klagen bereits gegen mich gerichtet worden, dann wirst Du etwa noch Folgendes hinzufügen: „Hätte Apollonius einigen Wert in sich gefühlt, er hätte, wie ich, Gold, Geschenke, Ämter angenommen". Gerade im Gefühl seines Wertes hätte er nichts dergleichen angenommen. – „Aber doch zu Gunsten seines Vaterlandes?" Ein Land, das nicht kannte was es besaß, ist kein Vaterland.

9. An Dion

Besser ist's, sich mit Flöten und Leier zu ergötzen, als durch die Rede. Denn jenes sind die Werkzeuge der Luft, und Musik ist der Name dieser Kunst; die Rede aber erforscht die Wahrheit. Nehme dies zur Richtschnur im Handeln, im Schreiben und Sprechen, falls auch auf diese Dein Streben sich richtet.

10. An Denselben.

Es suchen Manche die Ursache zu erforschen, warum ich nicht mehr vor Versammlungen spreche. Diejenigen nun, welche es kümmert dies zu wissen, mögen Folgendes sich merken: Jede Rede kann, da sie in ihrer Art einzig ist, auch nur dann Nutzen stiften, wenn sie an einen Einzigen sich richtet. Wer somit seiner Rede eine andere Wendung gibt, der redet geleitet von eitler Ruhmbegierde.

11. An die Vorsteher der Stadt Cäsarea.

Zu Allem und vor Allem bedürfen die Menschen der Götter, dann der Bürgervereine. Denn diesen Vereinen gebührt nach den Göttern die höchste Achtung, und den Belangen seiner Wohnstadt opfert der Verständige alle anderen auf. Ist aber eine Stadt, so wie die eurige, nicht nur ein Bürgerverein, sondern zugleich die größte von ganz Palästina, die erste unter den dortigen in Ansehung seines Umfanges, seiner Gesetze, seiner edlen Bestrebungen, so wie in Bezug auf den kriegerischen Ruhm seiner Vorfahren und deren Sitten während des Friedens, dann muss ich und jeder verständige Mann vor allen anderen sie achten und ehren. Diese Achtung und Vorliebe entspringt indessen aus dem allgemeinen Urteil der Menschen; wenn anders der Menge ein entscheidendes Urteil gebührt. Kommt aber je ein ganzer Bürgerverein mit Beweisen seiner Achtung einem Einzelnen zuvor, der überdies ein Fremder ist und fern von ihm lebt, womit kann derselbe eine solche Auszeichnung auf eine würdige und angemessene Weise vergelten? Damit etwa allein dass, falls ihm einer glücklichen Geistesanlage wegen die Götter hold sind, er deren Segen über jene Stadt durch sein Gebet erflehe. Dies werde auch ich für euch tun ohne Unterlass. Denn es hat mich gefreut, bei euch die hellenische Sitte zu finden, seinen eigentümlichen Wert auch durch öffentliche Schriftdenkmale zu beurkunden. Was den Apollonides, Sohn des Aphrodisius, betrifft, dessen überaus kräftige Anlagen euch Ehre machen, so werde ich mich bestreben, mit der Götter Hilfe euch diesen Jüngling zu einem in jeder Hinsicht tüchtigen Mann heranzubilden.

12. An die Vorsteher der Stadt Seleucia.

Eine Stadt, welche solche Gesinnungen gegen die Götter und gegen achtungswerte Menschen hegt, wie die eurige, ist nicht nur selbst glücklich, sondern stärkt auch Diejenigen in ihrem tugendhaften Streben, denen sie Beweise ihrer Freundschaft gibt. Mit Gunstbezeigungen Anderen zuvorzukommen, hat nichts Lästiges, sondern ist im Gegenteil das Erfreulichste, was dem Menschen hienieden zu Teil werden kann. Aber Wohltaten vergelten ist nicht leicht, und im vollen Maße sie vergelten, sogar unmöglich. Denn was der Ordnung nach das Zweite ist, kann der Natur der Sache gemäß doch wohl nie zum Ersten werden. So bleibt mir denn nichts Anderes übrig, als zu Gott zu flehen, dass er die Gunst, die ihr mir bewiesen, euch vergelte; um so mehr, da ihr an löblichen Taten mir eben so sehr überlegen seid, als eure Mittel die meinigen übersteigen. Menschliche Kräfte sind zu gering, um so Großes zu vergelten. Wenn ihr den Wunsch äußert, mich bei euch zu haben, so erkenne ich auch darin eure wohlwollende Gesinnung gegen mich und wünschte, schon früher in persönliche Verbindung mit euch gekommen zu sein. Eure Abgesandten, Hieronymus und Zeno, sind mir um so teurer, als sie zugleich meine Freunde sind.

13. An Denselben.

Strato ist dahingeschieden und hat alles, was sterblich an ihm war, auf der Erde zurückgelassen. Es ziemt sich nun, dass wir, die wir hienieden noch gezüchtiget werden (nach Pythagorischen und Platonischen Ansichten), oder wie man sonst sagt, noch leben, für dessen Angelegenheiten einige Sorge tragen. Andere mögen sich, wie billig, mit Anderem befassen, es sei jetzt oder später; die einen als Vertraute, die anderen bloß als Freunde, indem sich keine bessere Gelegenheit darbietet, sich als solche zu bewähren, falls auch früher diese Namen bei ihnen kein leerer Schall gewesen. Ich jedoch, bei meinem Bestreben, auch in dieser Hinsicht vorzugsweise euch anzugehören, will dessen Sohn Alexander, den ihm ein Seleucisches Weib geboren, erziehen und ihn meiner Lehre teilhaftig machen. Gerne hätte ich, der ich zu Wichtigerem mich erbot, ihm auch Geld gegeben, wenn es ihm frommen könnte, solches zu besitzen.

14. An Euphrates.

Ich werde oft von vielen Seiten her befragt, warum ich keine Einladung nach Italien erhalten, oder warum ich, auch ohne Einladung, nicht aus freien Stücken dahin gegangen, so wie Du und wohl noch mancher Andere. Auf letzteres will ich nicht antworten, damit ich nicht bei einigen in Verdacht komme, als wisse ich davon die Ursache (Geldsucht und Eitelkeit waren die gewöhnlichen Triebfedern, welche die Sophisten damals zur Reise nach Rom veranlassten), während ich mich um dieselbe nicht im mindesten bekümmere. In Ansehung des Ersteren aber, was sollte ich da auch anderes antworten, als dass es mir weit weniger an Einladungen gebrach, als an Neigung ihnen zu folgen.

15. An Denselben.

Plato hat gesagt, die Tugend habe keinen Herrn. Wer diesen Ausspruch nicht beachtet, sich über denselben nicht freut, im Gegenteil sogar für Geld sich feilbietet, der unterwirft sich einer Menge von Beherrschern.

16. An Denselben.

Dir dünkt, man müsse die Anhänger von Pythagoras, auch wohl die von Orpheus, Magier nennen. Mir dünkt, auch die von Zeus verdienen diese Benennung, sollen sie anders göttliche und gerechte Menschen sein.

17. An Denselben.

Die Perser pflegen ihre Götter (ihre gottähnlichen Männer) Magier zu nennen. Magier ist somit der Diener der Götter oder der Mensch mit göttlichen Anlagen. Du aber bist kein Magier, sondern ein Gottloser.

18. An Denselben.

Heraklitus der Physiker hat gesagt, der Mensch sei von Natur ein vernunftloses Wesen. Ist diese Behauptung wahr, so wie sie es wirklich ist, dann muss jeder sich vor Scham verhüllen, der mit eitlem Ruhm sich brüstet, (denn nach jener Voraussetzung hat der Mensch nichts von sich selbst, sondern verdankt alles göttlicher Einwirkung).

19. An den Sophisten Skopelianus.

Es gibt im Ganzen fünf Grundformen der Rede: Die philosophische, die historische, die gerichtliche, die briefliche, die erzählende. Abgesehen von der Rangordnung dieser allgemeinen Formen gebührt bei jedem Einzelnen jener wieder die erste Stelle, welche seinen persönlichen Fähigkeiten und Anlagen am nächsten kommt. Die Nachahmung des Vorzüglichsten, was das Genie in jeder Gattung hervorgebracht, verdient dagegen nur den zweiten Rang und findet ihre Anwendung nur da, wo es an natürlicher Anlage gebricht. Was aber das Vorzüglichste sei, ist schwer auszumitteln und zu beurteilen. Daher ziemt Jedwedem diejenige Redeweise am meisten, die ihm eigentümlich ist; denn sie gewährt zugleich mehr Zuverlässigkeit und Kraft.

20. An Denselben.

Wenn Du Geisteskraft besitzest, wie Du sie in der Tat besitzest, so musst Du auch Verstand und Einsicht Dir erwerben. Denn besäßest Du Verstand, gebräche Dir aber die Kraft, so müsstest Du auf gleiche Weise nach der letzteren streben. Das eine nämliche bedarf unaufhörlich des anderen, so wie das Gesicht des Lichtes und das Licht des Gesichtes.

21. An Denselben.

Von Barbaren muss man sich ferne halten und ihnen nicht zuvorkommen, denn es ist nicht billig, dass man ihnen, während sie doch Barbaren sind, Wohltaten erzeige.

22. An Lesbonar.

In der Dürftigkeit muss man sich als Mann bewähren und im Besitze der Glücksgüter als Mensch.

23. An Krito.

Als das göttliche aller Dinge pflegte Pythagoras die Arzneikunde zu nennen. Ist aber die Arzneikunde das Göttlichste, so muss sie neben dem Körper auch die Seele pflegen; oder unser Wesen befände sich nie in gesundem Zustande, indem es an seinem edleren Teile litte.

24. An die Hellanodiken und Eleer.

Ihr wünscht, dass ich den Olympischen Spielen beiwohne und habt mir deshalb Gesandte geschickt. Gerne würde ich auch gekommen sein, um der Körperschau und dem Körperkampf beizuwohnen, wenn ich nicht den wichtigeren Kampf, der die Tugend sich zum Ziele steckt, darüber versäumen müsste.

25. An die Peloponnesier.

Die Olympischen Feste wurden später gestiftet. Und früher wart ihr Feinde, später keine Freunde, d. h., die Olympischen Spiele, welche Eintracht und Gemeingeist unter allen Hellenen begründen sollten, haben bei euch ihren Zweck verfehlt.

26. An die Priester zu Olympia.

Die Götter bedürfen keiner Opfer. Wodurch nun kann man sich deren Gunst erwerben? Meines Bedünkens dadurch, dass man nach Verstand und Einsicht strebe und würdigen Menschen nach Kräften Gutes erzeige. Dies ist den Göttern wohlgefällig. Jenes Opferbringen ist Sache der Ruchlosen.

27. An die Priester zu Delphi.

Priester besudeln Altäre mit Blut, und dann fragen Manche noch mit Verwunderung, woher das Missgeschick der Staaten komme, wenn dieselben von schweren Unfällen heimgesucht wurden. O der Albernheit! Heraklitus war ein Weiser; aber auch war er es nicht, der den Ephesiern riet, vom Kot sich mit Kot zu reinigen.

28. An den König der Scythen.

Zamolris war ein Biedermann und nach Weisheit strebend, wenn er anders ein Schüler des Pythagoras gewesen. Und wären zu jener Zeit die Römer das gewesen, was sie heute sind, er würde sich gerne mit ihnen befreundet haben. Glaubst Du indessen, es gelte einem Kampfe um Unabhängigkeit

und Freiheit, verdiene dann den Namen eines Weisen, das heißt eines
Freien.

29. An einen Gesetzgeber.

Die Feste veranlassen Krankheiten. Denn sie mindern die Arbeitsamkeit
und mehren die Füllerei.

30. An die Römischen Statthalter.

Ihr behauptet die erste Stelle in der Staatsregierung. Seid ihr nun des
Regierens kundig, warum lasst ihr die Städte in Rückgang kommen? Seid
ihr dessen unkundig, dann müsst ihr es lernen, und erst dann regieren.

31. An die Statthalter von Asien.

Was nützt's, von wilden Bäumen, deren Wachstum Schaden anrichtet, die
Äste abzuhauen, die Wurzeln aber stehen zu lassen?

32. An die Vorsteher von Ephesus.

Marmorblöcke in einer Stadt und bunte Malereien und Säulengänge und
Schaubühnen sind ohne Nutzen, wenn nicht Geist und Gesetz in ihr
herrscht. Geist aber und Gesetz bestehen außer jenen Dingen nicht in ihnen.

33. An die Milesier.

Euern Kindern gebricht's an Vätern, euern Jünglingen an Greisen, euern
Weibern an Männern, euern Männern an Vorstehern, euern Vorstehern an
Gesetzen, euern Gesetzen an Philosophen, euern Philosophen an Göttern,
euern Göttern an Treue, d. h., ihr dient euern Göttern bloß mit erheuchelter
Frömmigkeit. Ihr stammt von biederen Vorfahren; verabscheut den
gegenwärtigen Zustand.

34. An die Gelehrten im Museum

Ich war im Lande der Argiver, der Phoceer, der Lokrer, in Sicyon und
Megara, und dort habe ich meine frühere Gewohnheit, öffentlich zu

sprechen, abgelegt. Was sollte ich nun, wenn man nach der Ursache fragte, euch und den Musen antworten? „Nicht meine lange Abwesenheit von Griechenland, sondern meine lange Anwesenheit daselbst hat der Hellenischen Sitte mich entfremdet".

35. An Hestiäus.

Nichts ist bei uns unverträglicher als Tugend und Reichtum. Denn die Abnahme des einen befördert die Zunahme des anderen und umgekehrt. Wie ist es nun möglich, dass Beides in derselben Person sich vereinige? Es sei denn, man höre auf das Urteil der Toren, bei welchen auch Reichtum für Tugend gilt. Ich bitte Dich demnach zu verhüten, dass die dortigen keine so törichte Meinung von uns hegen, und ihnen den Wahn zu benehmen, als strebten wir mehr nach Geld und Gut als nach Weisheit. Denn es wäre für uns äußerst schimpflich, in dem Rufe zu stehen, als habe die Geldgier uns vom Vaterlande entfernt; während es Leute gibt, die, um ihr Andenken zu verewigen, sogar die Tugend verschmähen.

36. An den Korinthier Bassus.

Praxiteles der Chalcidier war ein ungestümer Mensch. Derselbe kam einst mit dem Schwert bewaffnet vor meine Türe, gesandt von Dir, dem Philosophen und Agonotheten der Isthmischen Wettkämpfe. Als Lohn des Mordes hast Du ihm zugestanden den Genuss Deines Weibes. Und doch, verruchter Bassus, war ich so oft Dein Wohltäter.

37. An Denselben.

Wenn Jemand bei den Korinthiern sich erkundigt, wie des Bassus Vater gestorben, so werden ihm alle Städter und Insassen sagen: An Gift. – „Und wer hat es ihm gegeben?" Selbst die Grenznachbarn werden sagen: Der Philosoph. – Und der Bösewicht vergoss Tränen, als er der Leiche seines Vaters folgte.

38. An die Einwohner von Sardes.

In der Tugend gebührt euch nicht der erste Preis. Denn was wäre dies für eine Tugend? Gehört euch in der Lasterhaftigkeit die erste Stelle, dann gehört sie euch allzumal. Wer wird dies von den Bewohnern von Sardes behaupten? Die Bewohner von Sardes. Denn Keiner unter ihnen ist mit den Andern so befreundet, dass er aus Wohlwollen auch nur einen Zug ihres abgeschmackten Treibens verbergen würde.

39. An Dieselben.

Sogar die Namen eurer Parteien, Koddarer, Xyrisitaurer sind schimpflich und entehrend. Diese legt ihr gleich Anfangs euern Kindern bei, und fühlt euch glücklich, wenn sie sich nachher deren würdig zeigen.

40. An Dieselben.

Koddarer, Xyrisitaurer, die ihr seid! Wie wollt ihr nun aber eure Töchter und eure Weiber nennen? Denn auch sie gehören zu denselben Parteien, und ihre Frechheit überbietet die eurige noch.

41. An Dieselben.

Es ist natürlich, dass eure Sklaven selbst keine Neigung zu euch fühlen; einmal weil sie Sklaven sind, und dann weil die meisten zu entgegengesetzten Parteien gehören. Denn, wie ihr, zersplittern auch sie sich in Parteien.

42. An Platoniker.

Falls Jemand dem Apollonius Geld bietet und der Geber ihm würdig scheint, wird er es nehmen, wenn er dessen bedarf. Für die Lehren der Weisheit aber wird er jeden Lohn verschmähen, selbst wenn er in Dürftigkeit lebt.

43. An Leute, die sich weise dünken.

Wenn jemand sagt, er sei mein Freund, dann sage er auch, dass er in seine Kammer sich verschließe, dass er jeglichen Bades sich enthalte, dass er keine Tiere töte, dass er kein Fleisch genieße, dass er unzugänglich sei dem Neide, der Hinterlist, dem Hasse, der Verleumdungssucht, der Feindschaft, dass er eines freien Mannes Rang behaupte. Oder man hüte sich vor ihm, als vor einem Menschen voll Lug und Trug, voll Falschheit und Verstellung in Sitten, Charakter und Lebensweise.

44. An seinen Bruder Hestiäus.

Wie könnte es mich befremden, dass, während die übrigen Menschen mich für gottähnlich halten, manche sogar für einen Gott, mein Vaterland allein mich bis jetzt misskannt, um dessentwillen ich doch vorzugsweise nach edlem Ruhm gestrebt? Denn es ist selbst euch, meinen Brüdern, wie ich sehe, nicht bekannt geworden, dass ich in Rede und Sitte viele Andere übertreffen soll. Wie könntet ihr mich sonst verkennen? Dies trifft mich übrigens um so härter, als es doch durchaus nicht nötig ist, erinnert zu werden an Dinge, über die allein der Roheste selbst nicht gerne sich belehren ließe, ich meine Vaterland und Geschwister. – Doch vergesse ich keineswegs, wie edel es ist, die ganze Erde als Vaterland anzusehen und alle Menschen als Brüder und Freunde, sintemal wir alle göttlichen Ursprungs sind, einerlei Natur haben und überdies allesamt in jeder Rücksicht von gemeinschaftlichen Gefühlen geleitet werden, wo und in welcher Lage wir uns auch immer befinden, wir seien nun Fremde oder Hellenen, zumal wenn wir wahre Menschenwürde besitzen. Indessen lässt sich der Einfluss, den Geburt und Abkunft ausübt, mit keinem Trugschlusse überwinden, und Alles wird von dem, was mit ihm verwandt und befreundet ist, angezogen. So hat der Homerische Odysseus, wie man sagt, selbst die Unsterblichkeit, die ihm von einer Göttin angeboten wurde, seinem Ithaka (Insel) nicht vorgezogen. Auch bemerke ich, dass dieses Naturgesetz bis auf die unvernünftigen Tiere sich erstreckt. Denn alles was Geflügel heißt, ruht nicht außerhalb seines eigenen Nestes. Alle Wassertiere, die man ihrem Element entreißt, kehren, wenn sie nicht festgehalten werden, wieder in dasselbe zurück. Die wilden Tiere gar bewegt selbst der Drang nach Sättigung nicht, außer ihren Höhlen zu verweilen. Die Natur hat den Menschen hervorgebracht, und zwar, wie man zu sagen pflegt, begabt mit Weisheit und Verstand. Aber würde ihm auch alles Übrige von jedem Lande der Erde dargeboten, die Denkmäler seiner Väter findet er nicht überall.

45. An Denselben.

Ist das Suchen der Weisheit das ehrenvollste Geschäft und setzt man in mich das Vertrauen, dass ich mit Ernst die Weisheit suche, dann tut man Unrecht, mich des Brüderhasses zu zeihen, zumal wenn man sich auf einen unedlen und niedrigen Beweggrund stützt. Denn ohne Zweifel bin ich des Geldes wegen in diesen Verdacht gekommen. Dieses aber suchte ich, noch ehe ich mich der Weisheit hingegeben, zu verachten. Es wäre demnach vernünftiger, es einer andern Ursache beizumessen, dass ich euch nicht schreibe. Die Wahrheit nämlich wollte ich euch nicht schreiben, um den Schein stolzer Anmaßung zu vermeiden; eben so wenig die Unwahrheit, um nicht den Vorwurf, feiger Schmeichelei mir zuzuziehen. Denn beides ist für Brüder sowohl als für Freunde überhaupt gleich gehässig und kränkend. Jedoch will ich euch jetzt noch Folgendes melden. Vielleicht gestattet mir Gott, dass ich kurz nach einem Besuche, den ich gegen das Ende des Frühlings meinen Freunden auf Rhodos zu machen gedenke, von dort wieder einmal zu euch zurückkehre.

46. An Gordius.

Man sagt, Hestiäus habe Unrecht von Dir erlitten, und zwar nach dem Du dessen Freund geworden; wenn Du anders Jemands Freund zu sein vermagst. Nehme Dich in Acht, mein Gordius, dass Du nicht an einen Mann Dich wagest, der diesen Namen nicht dem Scheine nach, sondern in der Wirklichkeit verdient. Grüße mir Deinen Sohn Aristokleides. Möge derselbe Dir nicht ähnlich werden! Auch Du warst übrigens als Jüngling unbescholten.

47. An den Rat und das Volk von Tyana.

Da ihr mich heißt zu euch zurückzukehren, so gehorche ich euch. Denn das ist doch wohl für eine Stadt gegen den Einzelnen ein höchst würdiges Benehmen, wenn sie, wie ich von euch vermute, um der Ehre willen einen ihrer Mitbürger zu sich ruft. Auch habe ich – so schwer es mir fällt dies auszusprechen – die ganze Zeit meiner Entfernung von euch dazu verwandt, um euch Ruhm und Ehre zu verschaffen und die Freundschaft berühmter Städte so wie ausgezeichneter Männer euch zu erwerben. Seid ihr eines noch größeren und glänzenderen Rufes würdig, so habe ich wenigstens die Beruhigung, getan zu haben, was meine Anlagen, Kräfte und Bestrebungen vermochten.

48. An Diotimus.

Du hast Dich geirrt, wenn Du glaubtest, ich verlange etwas, es sei von Dir, mit dem ich nie etwas gemein gehabt, oder von sonst Jemand, der Dir gleicht und zu dem ich in gleichem Verhältnis stehe. Der Aufwand selbst, den Du bereits gemacht, gereicht Dir keineswegs zum Vorteil. Ich pflege häufig Freundschaftsdienste zu erzeigen, ohne dass man für mich den geringsten Aufwand macht. Denn nur so kann ich meinen Lebensgrundsätzen getreu bleiben. Dass aber dies mein Charakter ist und dass ich solche Gesinnungen hege gegen alle meine Mitbürger – um nicht zu sagen: Gegen alle Menschen – das kannst Du von unsren übrigen Landsleuten erfahren, denen ich Gutes erzeigt, so oft sie desselben bedurften, ohne jemals auf Vergeltung Anspruch zu machen. Du darfst es demnach nicht übel deuten, wenn mein Vertrauter, welcher dafür, dass er überhaupt etwas von Dir angenommen, den gebührenden Verweis erhalten, das Empfangene dem Lysias, Deinem und auch meinem Freunde, sofort wieder zurückgegeben; indem er von Deinen zurückgelassenen Leuten Niemand kannte. Wenn die Urteile über mich geteilt sind und es auch fürderhin sein werden, so darf Dich dies nicht befremden. Denn es liegt in der Natur der Sache, dass man über alles, was in irgend einer Hinsicht über das Gewöhnliche sich zu erheben scheint, entgegengesetzte Urteile fälle. So hat man über Pythagoras, über Orpheus, über Plato, über Sokrates Entgegengesetztes nicht nur gesprochen, sondern auch geschrieben. Verhält es sich ja beinahe auf ähnliche Weise mit den Urteilen, die man über die Gottheit selbst zu äußern pflegt. Allein die Guten schließen sich an die Wahrheit an, zu der sie durch ihre angeborene Neigung sich hingezogen fühlen; die Schlechten an das Gegenteil. Und diese Gattung Menschen, ich meine die schlechteren, verdient verlacht zu werden. Und so viel muss ich billiger Weise für jetzt noch von mir selbst erwähnen, dass auch Götter mich oft für einen göttlichen Mann erklärt haben, nicht nur bei manchen Einzelnen, sondern auch öffentlich; wiewohl es lästig ist, vorteilhaft von sich selbst zu sprechen. Ich wünsche gesund zu leben.

49. An Pherucianus.

Ich habe mich über den Brief, den Du mir gesandt, ungemein gefreut. Denn er war voll vertraulicher Ergießungen und erinnerte mich mannigfaltig an unsere gemeinschaftliche Abkunft; und ich bin überzeugt, dass es Dich verlangt mich zu sehen und von mir gesehen zu werden. Ich werde deswegen selbst ehestens zu euch kommen. Halte Dich aber bis dahin bei den Dortigen. Bin ich aber in eurer Nähe, dann sollst Du mehr mit mir zusammen sein als die übrigen Vertrauten und Freunde. Denn solches gebührt Dir.

50. An Euphrates.

Der weise Pythagoras gehörte zum Geschlecht der unsterblichen Götter. Du aber scheinst mir noch himmelweit entfernt von der Liebe zur Weisheit und von echter Wissenschaft. Sonst würdest Du weder ihn, den größten aller Weisen, verleumden, noch manche seiner eifrigen Anhänger mit unversöhnlichem Hasse verfolgen. Du solltest Dir nur eine andere Beschäftigung wählen. Denn das Streben nach Weisheit hat Dir fehl geschlagen; Du hast dieselbe nicht glücklicher erreicht, als Pandarus den Menelaus im Eidesbruch (durch eine oberflächliche Wunde eines schwach geschossenen Pfeils).

51. An Denselben.

Manche tadeln Dich, dass Du Geld vom Kaiser angenommen. Die Sache wäre an sich nicht aufgefallen, wenn es nicht zugleich offenkundig wäre, dass Du für Deine Weisheitslehren Dich bezahlen lassen, und zwar so oft und so teuer und von dem, der Dich für einen echten Philosophen hält.

52. An Denselben.

Wenn man mit einem Pythagoreer Umgang pflegt, was lernt man von ihm und wie vieles? Ich will es Dir sagen: Die Gesetzgebungskunde, die Geometrie, die Astronomie, die Arithmetik, die Harmonik, die Musik, die Heil- und Arzneikunde, die göttliche Weissagungskunst in ihrem ganzen Umfange; und was noch weit erhabener ist, eine edle Denkungsart, Seelengröße, Würde, Standhaftigkeit, Ehrgefühl, eine nicht auf blinden Glauben sondern auf feste Überzeugung gegründete Kenntnis der Götter und seligen Geister, so wie die Mittel sich mit beiden zu befreunden; ferner Genügsamkeit, Anstrengung, Schlichtheit, Mäßigkeit im Befriedigen der sinnlichen Bedürfnisse, die Kunst scharfe und kräftige Sinne, Beweglichkeit, freien Atem, frische Farbe, Gesundheit, Heiterkeit der Seele sich zu sichern und endlich zur Unsterblichkeit zu gelangen. Die aber mit Dir umgegangen, was hast Du ihnen mitgeteilt? Die Tugend nämlich, die Du selbst besitzest.

53. Claudius an den Senat von Tyana.

Da ihr eueren Mitbürger Apollonius, den Beförderer Pythagoreischer Weisheit, welcher bei einem ehrenvollen Aufenthalte in Griechenland unter unserer Jugend großen Nutzen gestiftet, auf eine so würdige Weise ausgezeichnet habt, wie es biedern Männern und wahren Beschützern höherer Wissenschaft zu tun geziemt, so wollten wir euch unser Wohlwollen durch diesen Sendbrief zu erkennen geben.

54. An die Römischen Statthalter.

Für Häfen, für Gebäulichkeiten, für Säulengänge und Plätze zum Lustwandeln tragen einige von euch noch Sorge; aber um die Kinder in den Städten, um die Jünglinge und Frauen kümmert weder ihr euch, noch kümmern sich darum eure Gesetze. Sonst wäre es gut, unter eurer Regierung zu stehen.

55. Apollonius an seinen Bruder.

Den Naturgesetzen gemäß schwindet jedes Wesen dahin, so wie es seine Vollendung erreicht hat. Und dieses Dahinschwinden ist für jedes Geschöpf das Alter, nach welchem dessen Bestehen aufhört. Der Verlust Deiner Gattin in der Blüte ihrer Jahre darf Dich somit nicht betrüben. Glaube auch nicht dass, da der Tod für Etwas gilt, das Leben besser sei als er, da es doch in jeder Hinsicht schlimmer ist, wenigstens für die Vernünftigen. Bewähre Dich als Bruder eines Mannes, welcher die Philosophie im Allgemeinen und insbesondere die Weisheit des Pythagoras zum Gegenstand seiner Bestrebungen macht, als Bruder des Apollonius; und setze Dein Hauswesen wieder in den früheren Stand. Hätten wir das Geringste an Deiner ersten Gemahlin auszusetzen, dann würde man, wenn wir uns abschrecken ließen, uns mit Unrecht tadeln. Hat sie aber durch ihr würdevolles Benehmen und durch ihre zärtliche Liebe zu ihrem Manne stets unsere Achtung und Zuneigung sich erworben, was sollten wir auch für einen Grund haben, um nicht ein Gleiches auch von der künftigen zu erwarten? Es lässt sich im

Gegenteil hoffen, dass sie sich bestreben werde, noch vorzüglicher zu sein, wenn sie sieht, dass Du Deine erste Gemahlin mit Aufmerksamkeit und Liebe behandelt hast. Auch die eigne Lage Deiner Brüder muss Dich bewegen, in Dich zu gehen. Der älteste nämlich war noch nie verehelicht; der jüngste hat allerdings noch Hoffnung, Kinder zu erzielen, jedoch erst im Verlauf der Zeit. Wir sind von einem Vater und haben alle drei zusammen nicht einen Sohn. Die Folgen davon können gleich nachteilig werden für's Vaterland und für das kommende Geschlecht. Denn wenn wir besser sind als der Vater (sonst wohl, je nachdem der Vater, auch schlimmer), warum sollten unsere Nachkommen nicht noch besser werden? Mögen also Söhne geboren werden, denen wir wenigsten unsere Namen beilegen, in der Ordnung, wie sie unsere Ahnen festgesetzt haben (Die Griechen legten großes Gewicht darauf, die Namen ihrer Ahnen auch unter ihren Nachkommen zu erhalten.). Vor Tränen war ich außer Stand, Dir mehr zu schreiben; auch hatte ich Dir sonst nichts Dringendes zu sagen.

56. An die Bewohner von Sardes.

Krösus hat die Herrschaft über die Lydier verloren, als er den Halys überschritten. Er ward lebendig ergriffen, gefesselt, und auf den Scheiterhaufen gebracht; er sah das Feuer angezündet und in die Höhe steigen; er blieb am Leben, denn nach dem Urteil des Gottes Apollo, welcher ihn auf eine wunderbare Weise aus der Todesgefahr rettete, hatte er seine Strafe überstanden (Bestraft ward er nämlich dafür, dass er das Orakel falsch verstand und fremde Länder verheerte). – Was tat nun hierauf dieser eurer Ahnherr und zugleich euer König? Er, der solches wider Gebühr erlitten (Nämlich in Beziehung auf Cyrus. Denn von Apollo hatte er diese Strafe seines Leichtsinnes wegen verdient), setzte sich zu seinem Feinde an die Tafel, war dessen wohlwollender Ratgeber und treuer Freund. Bei euch aber herrscht Wortbrüchigkeit, Hinterlist, unerbittliche Härte, überdies gottloses und frevelhaftes Treiben zwischen Eltern und Kindern, zwischen Freunden, Verwandten und Zunftgenossen. Ihr seid Feinde geworden, ohne den Halys zu überschreiten oder irgend einen fremden Menschen bei euch aufzunehmen. Und die Erde bringt euch noch Früchte. Ungerechte Erde!

57. An berühmte Schriftsteller.

Licht ist das Vorhandensein von Feuer; anders kann dasselbe wohl nicht entstehen. Das Feuer aber ist das Leiden selbst, und wen es berührt, der wird gebrannt. Das Licht dagegen zeigt dem Gesichte bloß seinen Glanz, übt keine Gewalt, sondern macht auf dasselbe einen sanften Eindruck. Auch die Rede ist zum Teil wie Feuer und Leiden, zum Teil wie Glanz und Licht. Die letztere Art ist die bessere. Möge sie, wenn dieser Wunsch nicht unbescheiden ist, mir zu Teil werden!

58. An Valerius.

Nichts vergeht, außer bloß dem Scheine nach; so wie nichts entsteht, außer bloß dem Scheine nach. Den Übergang nämlich aus dem Wesen in die Natur hält man für Entstehen, und eben so den aus der Natur in das Wesen für Vergehen. Der Wahrheit nach entsteht nie etwas, noch geht es unter; sondern es ist bloß sichtbar und dann wird es unsichtbar, ersteres wegen der Dichtigkeit der Materie, letzteres wegen der Feinheit des Wesens; welches unaufhörlich dasselbe bleibt und nur durch Bewegung und Stillstand sich unterscheidet. Denn dieses Verhältnis der Bewegung und Ruhe ist doch wohl notwendiger Weise das Eigentümliche der Veränderung; indem dieselbe nirgendsher von außen kommt, sondern bald das Ganze in Teile sich auflöst, bald die Teile wieder zum Ganzen sich kehren, vermöge der Einheit des Weltalls. Wenn aber Jemand sagen sollte, was dasjenige sei, das bald sichtbar, bald unsichtbar werde, es sei nun in Beziehung auf dieselben oder auf verschiedene Individuen, so kann man antworten, dass dies die Beschaffenheit eines jeden Dinges sei, als welches angefüllt sichtbar wird durch die aus der Verdichtung entstandene Undurchdringlichkeit, geleert dagegen unsichtbar ist wegen seiner Feinheit und Durchdringlichkeit; indem nämlich die Materie ausströmt aus dem sie gewaltsam umschließenden ewigen Maße, welches selbst nimmermehr entsteht noch vernichtet wird. Was sollen wir aber ferner von einem Irrtume sagen, der so lange unwiderlegt geblieben? Manche nämlich glauben, dass sie da, wo sie sich leidend verhalten, tätig seien. Sie begreifen nicht, dass der welcher erzeugt worden, durch die Eltern erzeugt worden, nicht von den Eltern, so wie das was durch die Erde sprosst, nicht aus der Erde sprosst. Auch wird keine Veränderung erlitten von jedem einzelnen der sichtbaren Dinge; es erleidet sie vielmehr die jedes einzelne umfassende Einheit. Diese Einheit aber lässt sich mit keinem anderen Namen richtiger bezeichnen als mit dem des Urwesens.

Dieses allein wirkt und leidet, ist Allem Alles, die Alles durchdringende

unsichtbare und ewige Gottheit. Nur die vielfältigen Benennungen und äußeren Erscheinungen, unter denen es sich zeigt, berauben dieses Urwesen des ihm eigentümlichen Namens und tun ihm Unrecht. Doch dies ist noch das Geringste. Aber man geht selbst so weit, dass man Jemand dann beweint, wenn er aus einem Menschen Gott geworden, durch den Übergang in eine andere Weise zu sein, nicht durch Umänderung seines Wesens. Hältst Du die wahre Beschaffenheit der Sache im Auge, so darfst Du über den Tod Dich nicht betrüben, sondern Du musst ihn achten und ehren. Die beste und würdigste Weise ihn zu ehren aber ist, wenn Du den, der jenseits ist, Gott überlässt, und die Menschen, welche Dir anvertraut sind, fernerhin regierest, wie Du sie bisher regieret hast. Es wäre Deiner unwürdig, von der Zeit, nicht von der Vernunft, Dich bessern zu lassen, sintemal die Zeit auch die Schlechten von ihrem Gram befreit. Das größte und Erhabenste, was sich denken lässt, ist eine ausgebreitete Herrschaft, und wer über das Größte und Wichtigste herrscht, bewährt sich als den besten Herrscher, wenn er damit beginnt, sich selbst zu beherrschen. Ist es aber nicht auch frevelhaft, das ungeschehen zu wünschen, was durch den Willen der Gottheit geschehen? Wenn eine solche Ordnung im Weltall besteht, wie sie wirklich besteht, und Gott derselben vorsteht, dann kann der Billigdenkende nicht das wollen, was ihm gut dünkt; denn solches wäre anmaßend und jener Ordnung zuwider; sondern er wird sich überzeugt halten, dass das was geschieht auch zuträglich sei.
Mache Dich auf und genese Dich selbst. Übe das Richteramt und tröste den Schuldigen, denn so wirst Du seine Tränen stillen. Unsere eigenen Angelegenheiten sind nicht den öffentlichen, sondern die öffentlichen unsern eigenen vorzuziehen. Wie bedeutend ist überdies der Trost, der Dir zu Teil geworden! Die ganze Provinz hat Deinen Sohn mit Dir beweint. Zeige Dich erkenntlich gegen die, welche an deiner Trauer Teil genommen. Dies tust Du aber, wenn Du baldmöglichst aufhörst, Dich zu grämen und Deinem Kummer Grenzen setzest.
Du hast, sagst Du, keine Freunde. Du hast aber einen Sohn. „Auch jetzt noch,“ wirst Du fragen, „nachdem er gestorben?“ – „Allerdings,“ wird Dir jeder Vernünftige entgegnen. Denn was wirklich besteht, wird nicht vernichtet, indem sein Dasein sich eben darauf gründet, dass es ewig bestehe. Widrigenfalls müsste auch das, was nicht ist, in die Wirklichkeit treten. Wie ist dies aber möglich, da das, was wirklich ist, niemals vernichtet wird. Mancher andere würde Dir noch vorhalten, dass Du frevelst und Unrecht tust. Du frevelst gegen Gott und tust Unrecht Deinem

Sohne, oder vielmehr Du frevelst auch gegen diesen. Soll ich Dich lehren, was sterben heiße? Vernichte mich, so dass nach diesem Atemzug, nach diesem letzten Laut meine Seele sich vom Körper scheide. Umgibst Du diesem Laut nicht wieder mit materieller Hülle, dann hast Du plötzlich mich in ein höheres Wesen umgewandelt.

Du bist im reifen Alter, Du hast ein kluges, zärtliches Weib, es gebricht Dir nichts. Suche, was Dir zu wünschen übrig bleibt, in Deinem Inneren. Einer der alten Römer hat, um als Befehlshaber strenge Zucht und Ordnung zu handhaben, seinen eigenen Sohn getötet, und zwar getötet, nachdem er den Siegeskranz errungen. Deinen Befehlen gehorchen fünfhundert Städte, und Du stammst aus einem Geschlecht, das zu den edelsten von Rom gehört. Aber Du versetzest Dein Gemüt in eine Stimmung, in welcher es kaum möglich ist, einem Hauswesen mit Festigkeit vorzustehen, geschweige denn ganzen Städten und Völkern. Wäre Apollonius zugegen gewesen, Fabulla (die Gemahlin des Valerius) hätte sich von ihm bestimmen lassen, keinem Kummer Raum zu geben.

59. Charmus, König der Babylonier, an Neogyndas, König der Inder.

Wenn Du Dich um Deine eigenen Sachen kümmertest, würdest Du nicht in fremden Angelegenheiten Deine Gerechtigkeit zur Schau tragen und somit als Herrscher in Indien nicht die Streitigkeiten der Babylonier schlichten. Denn was anders als Vorwitz und verkehrtes Treiben hat Dich mit unserem Volke in Berührung gebracht? Du strebst, meine Herrschaft Dir anzueignen, und suchst deshalb durch Briefe Dich einzuschmeicheln, allmählig festen Fuß zu fassen und Deine Habsucht mit dem Vorwande der Gefälligkeit zu bedecken. Allein es wird Dir nimmermehr gelingen. Denn Deine Pläne können mir nicht entgehen.

60. An Euphrates.

Praxiteles aus Chalcis war ein Mensch voll leidenschaftlicher Wut. Derselbe hat sich mit dem Schwert bewaffnet, vor meiner Wohnung in Korinth gezeigt, mit einem Deiner Bekannten. Worin liegt nun der Grund dieses hinterlistigen Beginnens? Denn, „niemals hab' ich Dir Deine Rinder weggetrieben (Sprichwörtlich für: Niemals habe ich Dich beeinträchtigt.)"; dieweil meine Philosophie von der Deinigen „gar vieles noch sondert; Schattige Berge sowohl als des Meeres brausende Salzflut".

61. An Lesbonar.

Anacharsis der Scythe war ein Weiser. War er nun aber ein Scythe, so gibt es auch Weise unter den Scythen.

62. Die Lacedämonier an Apollonius.

Als Beweis der Ehre, die wir Dir zuerkannt, senden wir Dir diese Ausfertigung, nachdem wir dieselbe zu Deiner größeren Versicherung mit unserem Staatssiegel bekräftigt haben.

63. Apollonius an die Ephoren und das Volk der Lacedämonier.

Ich habe Landsleute von euch gesehen ohne Bart, mit glatten und weißen Lenden und Schenkeln, bekleidet mit weichem und feinem Gewande, geschmückt mit einer Menge prachtvoller Ringe und mit Schuhen nach Jonischer Sitte. Ich erkannte daher in ihnen nicht die Männer, die für eure Gesandte gelten sollen. Ihr Schreiben jedoch gab sie für Lacedämonier aus. (Die strenge Zucht der Lacedämonier war zu dieser Zeit bereits in eine so große Verweichlichung ausgeartet, dass man es nötig fand, das ältere Lacedämon sorgfältig von dem neueren zu unterscheiden, und von jenem mit ähnlicher Verehrung sprach, mit welcher die Briten von ihrem old England zu sprechen pflegen. Die gegenwärtigen Zeilen enthalten einen beißenden Tadel jener Entartung).

64. An Dieselben.

Ihr ruft mich oft, um euern Gesetzen und eurer Jugend aufzuhelfen. Solons's Mitbürger rufen mich nicht. Habt Ehrfurcht vor Lykurgus.

65. An die Ephesier im Tempel der Artemis.

Mit jeglichem Brauch des Götterdienstes, auch mit dem königlichen Ceremoniel seid ihr vertraut. Allein, seid ihr keine schlechten Gasthalter und Zecher, so seid ihr doch schlechte Wohngenossen der Göttin bei Tag und bei Nacht (Das wollüstige Leben und frevelhafte Treiben der Ephesier war gewissermaßen sprichwörtlich geworden). Sonst würden nicht Diebe und Räuber und Seelenverkäufer und Missetäter und Verruchte jeder Art dort hervorschlüpfen. Denn euer Heiligtum ist das Bollwerk der Freibeuter geworden.

66. An Dieselben.

Es ist ein Mann angekommen aus Hellas, Hellene von Geburt, doch weder Athener noch Megarer, Namens Apollonius, mit dem Vornamen, bei eurer Göttin zu verweilen. Weiset mir einen Platz an, wo ich keiner Reinigung bedarf, obschon ich stets zu Hause bleibe.

67. An Dieselben.

Der Tempel steht offen zum Opfern, zum Beten, zum Lobgesang, zum Flehen um Schutz, für Hellenen, für Barbaren, für Freie, für Sklaven. Der Brauch ist überaus göttlich. Ich finde darin die Zeichen des Zeus und der Leto (D. h. „diese Sitte ist der Abkunft der Göttin (Artemis) angemessen"). Fände ich nur nichts anderes außerdem.

68. An die Milesier.

Ein Erdbeben hat euer Gebiet erschüttert. Auch manche andere Städte wurden vom gleichen Schicksal öfter heimgesucht. Aber sie erduldeten ihr Missgeschick, bezeigten sich gegenseitig Mitleid, keinen Hass. Ihr aber stürmt sogar auf Götter mit Feuer und Waffen los, und zwar auf Götter, zu denen selbst Fremde ihr Gebet richten, nach den Gefahren sowohl als vor denselben. Als überdies ein Philosoph, ein den Hellenen befreundeter Mann, euch zu wiederholten Malen öffentlich das Unglück in der Ferne gezeigt und das Herannahen der Stürme vorher verkündet, da habt ihr ihn, als der Gott (nämlich Poseidon, der Erderschütterer) sie endlich toben ließ, tagtäglich als den Urheber eures Unglücks verschrieen. O der öffentlichen Torheit! Und Thales soll euer Stammvater sein!

69. An die Einwohner von Tralles.

Es kommen aus vielen Ländern Leute in Menge zu mir, junge und alte, andere um anderer Ursachen willen. Ich suche dann den Charakter und die Anlagen eines jeden Einzelnen so genau als möglich zu ergründen, auch zu erforschen, ob sie billig gegen ihr Vaterland gestimmt sind oder umgekehrt.

Bis auf diesen Tag war es mit mir nicht möglich, Menschen zu finden, welche von euch Trallianern den Vorzug verdienten; nicht unter den Lydiern, nicht unter den Achäern, nicht unter den Joniern; selbst nicht unter den Bewohnern von Altgriechenland, den Thuriern, den Krotoniaten, den Tarentinern oder in einer andern der glücklich gepriesenen Italischen Städtegemeinden in jener Gegend; überhaupt bei keinem Volke. Worin liegt nun der Grund, dass ich euch den Vorzug gebe und dennoch nicht unter solchen Männern meinen Wohnsitz nehme, da doch überdies mein Geschlecht eurer Stadt seinen Ursprung verdankt? Das dürfte ich bei einer anderen Gelegenheit sagen. Für jetzt geziemt es sich bloß, dass ich euch meinen Beifall bezeige, so wie den Männern, die an eurer Spitze stehen, als welche die Vorsteher anderer Gemeinden, am meisten aber die ihrer ursprünglichen Stammorte an Tugend und Einsicht weit übertreffen.

70. An die Einwohner von Saïs.

Ihr seid Abkömmlinge der Athenäer, wie Plato im Timäus sagt. Diese aber verbannen aus Attika die Göttin, die sie mit euch gemein haben, bei ihnen Athene, bei euch Neith genannt, indem sie aufhören, Hellenen zu sein. Wie sie aber aufhören dies zu sein, will ich euch erklären. Kein Athenäer wird ein weiser Greis (Offenbar schwebte dem Verfasser jene Anrede des Ägyptischen Priesters an Solon vor Augen: „Solon, Solon, ihr Hellenen bleibt doch immer Kinder; kein Hellene wird ein Greis“), denn keinem kann der Bart bis zur Vollendung wachsen, dieweil sie sämtlich ohne Bart gehen. Der Schmeichler sitzt dort vor den Türen, der Sykophant vor den Toren, der Kuppler selbst vor der langen Mauer, der Schmarotzer vor Munychia und vor dem Piräeus. Allein die Göttin findet nicht einmal auf Sunium eine Wohnstätte.

71. An die Jonier.

Ihr glaubt den Namen der Hellenen zu verdienen, weil ihr von Hellenen stammt, die sich vormals in euerem Lande niedergelassen. Allein die Hellenen zeichnen sich eben so sehr durch eigentümliche Haltung und Züge aus, als durch Sitten und Gewohnheiten, durch Sprache und Lebensweise. Ihr aber habt großenteils sogar auf eure Namen verzichtet und, von eurem Glück verblendet, alle Merkmale verwischt, an denen man eure Vorfahren erkannte (Die Verweichlichung der Jonier war eine so allgemein anerkannte Sache, dass Jonisch gleichbedeutend war mit weichlich und eben so viel hieß, als der Üppigkeit sich ergeben). Mit Recht dürften euch jene selbst von ihren Gräbern ausschließen, sintemal ihr ihnen völlig fremd geworden. Früher habt ihr Namen von Heroen, von Seehelden und Gesetzgebern getragen; jetzt tragt ihr die der Luculler, der Fabricier und der überseligen Lucier. Ich meines Teils wollte lieber Mimnermus heißen.

72. An Hestiäus.

Unser Vater nannte sich den unmittelbaren Abkömmling dreier Ahnen, Namens Menodotus. Du aber willst einfach Lucretius oder Lupercus Dich nennen. Wer aus diesen Geschlechtern ist Dein Stammvater? Es ist schimpflich, jemandes Namen, aber keinen seiner Züge zu haben. (Bekanntlich legten die Griechen großen Wert darauf, die Züge ihrer Ahnen rein und unversehrt zu bewahren. Entstellung derselben bei den Nachkommen, sie mochte nun eine Folge von Ausschweifung oder von Dürftigkeit und Elend sein, wurde als schimpflich und entehrend angesehen).

73. An Denselben.

Wir sind unter Gottes Geleit noch fern vom Vaterland. Bereits aber haben die Angelegenheiten unserer Stadt meinen Geist beschäftigt. Das Schicksal beschleicht das Ende jener Männer, welchen die höchste Leitung derselben anvertraut ist. Fortan werden Knaben und bald nach ihnen Mädchen das Ruder führen. Dann steht allerdings zu befürchten, dass die Regierung, Kindern überlassen, zusammenstürze. Du aber darfst es nicht befürchten, dieweil wir uns dem Ende unserer Laufbahn nähern.

74. An Stoiker.

Bassus war von reizender Körpergestalt, wurde aber vom Hunger gequält, obwohl sein Vater großes Vermögen besessen. Er zog daher zuerst nach Megara, begleitet von einem sogenannten Liebhaber und von einem Kuppler (denn beiden gebrach es an Nahrung und Zehrgeld), und von dort weiter nach Syrien. Da nahm den Reizenden Euphrates auf und wer sonst noch gleicher Weise zu dem Jüngling, dessen Schönheit damals Aufsehen machte, sich genügsam hingezogen fühlte, um der Neigung halber sich auf etwas Verrücktes einzulassen, (aus unlauterer Liebe sich niedriger Wollust ergeben).

75. An die Einwohner von Sardes.

Der Sohn des Alyattes hatte weder Kraft noch Gewandtheit genug, um seinen Staat zu retten, und doch war er ein König und zwar ein Krösus. Wo ist denn nun der Löwe, auf dessen Kraft Ihr euch verließt, um untereinander einen wilden Krieg ohne Ende zu erregen, alle wie ihr seid, Knaben, Jünglinge, Männer, Greise, ja selbst Mädchen und Frauen. Man möchte eure Stadt für die Stadt der Erinnyen halten und nicht für die der Demeter. Eure Göttin ist mild und liebreich, woher kommt Euch nur diese Wut?

76. An Dieselben.

Es ist natürlich, dass ein Verehrer altertümlicher Weisheit das Verlangen hege, eine altertümliche und volkreiche Stadt zu besuchen. Auch würde ich zu euch gekommen sein aus eigenem Antrieb, ohne Einladung – wie ich in Ansehung vieler anderer Städte tat – abzuwarten, wenn ich hätte hoffen dürfen, gleiche Sitten, Neigungen, Gesetze und gottesdienstliche Gebräuche herzustellen und damit die Eintracht in eure Stadt wieder zurückzuführen. Und sicher würde ich dann alles was in meinen Kräften steht, getan haben. Allein Zwietracht und Aufruhr in einem Staate sind, wie irgend jemand gesagt, ärger als Krieg.

77. An seine Schüler.

Alles was ich zu euch gesprochen, habe ich gesprochen, um euch Liebe zur Weisheit einzuflößen, nicht um des Euphrates willen. Man glaube nicht, dass ich das Schwert des Praxiteles oder das Gift des Lysias gefürchtet. Denn auch hierin erkenne ich das Werk des Euphrates.

78. An Jarchas und die anderen Weisen.

. . . nein, bei'm Wasser des Tantalus, mit dessen Geheimnis ihr mich habt vertraut gemacht.

79. An Euphrates.

Wenn die Seele nicht erwägt, womit der Körper sich begnüge, kann sie unmöglich sich selbst Genügsamkeit verschaffen.

(Die noch folgenden Briefe oder Bruchstücke von Briefen finden sich sämtlich in der Blumenlese des Stobäus aufbewahrt. Schon Olearius hat dieselben, bis auf die zwei letzten, in seine Sammlung aufgenommen).

80. An Denselben.

Die trefflichsten Menschen sind im Sprechen die kürzesten. Wenn demnach die Schwätzer die Langeweile selbst empfänden, die sie Anderen verursachen, würden sie ihrer Weitschweifigkeit sich entwöhnen.

81. An seine Schüler.

Simonides pflegte zu sagen, niemals habe es ihn gereut, dass er geschwiegen, oft aber, dass er gesprochen habe.

82. An seine Freunde.

Geschwätzigkeit bringt oft zum Straucheln, Schweigen dagegen macht sicher und standhaft.

83. An Delius.

Lügen ist unedel; die Wahrheit reden, edel.

84. An seine Freunde.

Glaubet nicht, dass ich Anderen irgend etwas leichtfertig rate. Denn nur indem ich selbst an das Gersten-Mus mich halte und in jeder Hinsicht schlicht und einfach lebe, empfehle ich euch ein Gleiches.

85. An Eidomenes.

Wir haben in der Genügsamkeit uns geübt, nicht um Geringes und

Schlechtes ausschließlich zu genießen, sondern um für dasselbe uns abzuhärten.

86. An einen Macedonier.

Des Jähzorns Blüte ist Wut.

87. An Aristokles.

Wenn man die Leidenschaft des Zornes nicht besänftigt und durch treue Pflege lindert, geht sie in eine natürliche Krankheit über.

88. An Satyrus.

Die gewöhnlichen Menschen treten als Verteidiger ihrer eigenen und als Ankläger fremder Vergehen auf.

89. An Danaus.

Verrichtetes Geschäft verursacht keine Mühe.

90. An Dion.

Nichtsein ist nichts, Sein dagegen Müh' und Qual.

91. An seinen Bruder.

Man beneide Niemand. Denn die Guten sind ihres Glückes würdig, die Schlechten aber leben auch im Glücke schlecht.

92. An Dionysius.

Vortrefflich ist's, bevor die Leiden kommen, gelernt zu haben, was Ruhe und Gelassenheit vermögen.

93. An Numenius.

Nicht jammern müssen wir, dass uns solche Freunde entrissen wurden, sondern ihr Gedächtnis ehren. Denn mit den Freunden haben wir unseres Lebens schönste Zeit verlebt.

94. An Theätet.

Beschwichtige Deinen eigenen Kummer durch die Betrachtung fremder Übel.

95. An Cornelianus.

Kurz ist des Menschen Leben, wenn ihn das Glück begünstigt; lang, wenn es ihn verfolgt.

96. An Demokrates.

Wer wegen mäßiger Vergehen seinen Zorn auf's höchste steigert, der setzt den Schwachen außer Stand, seine geringen Fehler von den wichtigen zu unterscheiden.

97. An Lykos.

Natürliche Armut ist nicht schimpflich, aber Armut, die aus einer schimpflichen Ursache entsteht, bringt Schande.

7. Eine intime Willensschulung
Nursi

Dieser Aufsatz schneidet wieder ein Gebiet an, über welches man in der Hermetik normalerweise nicht spricht, denn es betrifft die unteren Regionen, ja es handelt sich um das verwerfliche „Onanieren". Uiii, werden da die Omis aufschreien, iii hört man da von der weiblichen Seite, so was macht man doch nicht, sagen die anderen, die sich selbst für etwas Besseres halten. Doch es ist wahr, es wird gemacht, auch unter den sogenannten „Hermetikern", aber zugeben, nein, das tut keiner! Man ist sich ja zu gut, der göttliche „Stolz" lässt so was ja nicht zu . . .

Ich nenne hier keine Namen, ich schreib nur eine wahre Begebenheit auf, wie sie sich zugetragen hat, ohne sie zu werten oder zu verurteilen. Sie ist interessant, weil sie eine Form der Willensschulung darstellt, die jeder Hermetiker durchmachen muss. Da gibt es keine Ausnahmen, wie manch einer meint, denn: Alles kommt anders, als man denkt!

Ich bekomme ziemlich viele Anrufe und bin mit vielen Hermetikern in Kontakt, und besonders mit Frauen, weil ich selber eine bin. Folgendes hat sich zugetragen:

Ich bekam wieder einmal einen typischen Anruf, dessen Gesprächsinhalt mich nachdenklich stimmte.

„Hallo Nursi. Ich hab ein Problem, ein intimes Problem", platzt meine Freundin plötzlich heraus. „Aber ich kann mit Dir nicht darüber reden."

„Wieso?"

„Ich hab einen Schwur gebrochen. Bitte versteh das. Da kann mir nur ein Meister helfen. Zum Glück kenne ich da einen, der immer gute Ratschläge gibt."

„Ich kann Dir nur raten, Dich an Deine Schwüre zu halten. Sie nicht mehr zu brechen. Denn dann wäre Deine Gottheit sehr traurig darüber."

„Ja, ja, die Geschichten kenne ich alle. Deshalb brauche ich ja den Rat eines Meisters. Entschuldige bitte, aber ich muss das Gespräch abbrechen und den Herrn T. anrufen."

Wir verabschiedeten uns und ich legte auf. Aber der Fall war schon merkwürdig. Ich konnte ihn nicht vergessen.

Als es Abend wurde, legte ich mich schlafen und hatte einen meiner vielen Wahrträume, welche mir glücklicherweise geschickt werden, wenn immer ich eine brennende Frage hatte. Folgende Szene sah ich:

Meine Freundin war sehr erregt, besser gesagt unbefriedigt, weil ihr Mann mit ihr keinen Geschlechtsverkehr hatte, denn er hat Schwierigkeiten mit seiner Potenz. Er hat keine Kraft mehr dazu und die Lust fehlte ihm auch. Das stimmte sie sehr traurig. Deshalb wusste sie nicht, was sie machen sollte.

„Nursi", sagte Ariane zu mir, die mich durch diesen Traum führte, „Deine Freundin ist sexuell nicht ausgelastet. Sie ist nicht befriedigt, wie es in einer Ehe sein sollte. Und deswegen legt sie manchmal an sich Hand an, sprich sie hat masturbiert."

„Stellt das ein Problem für sie dar?"

„Ja, weil sie sehr sensibel ist und Bardon in gewisser Weise vor dem Onanieren warnt, weil sich dadurch ein Eros-Schemen bilden kann. Davor fürchtet sie sich und gab deshalb ihrer Gottheit den Schwur, nicht mehr zu masturbieren. Sie kann ihn aber aufgrund von dazu benötigter Willensstärke nicht einhalten und ist darüber sehr traurig. Aber andererseits . . .!"

Plötzlich änderte sich das geschaute Bild und ich sah sie im Wohnzimmer breitbeinig auf der Couch liegen, währenddessen sie an ihrer Vulva riebt und dabei kräftig stöhnte. Es schien sie sehr zu befriedigen.

„Da kannst Du ihr raten, was Du willst, sie würde das erstens nie zugeben und zweitens würde sie Dir nicht glauben. Ihr angeblicher „Guru" zählt viel mehr als Du, auch wenn er ein Mann ist!"

Plötzlich wurde ich aus dem Traum ruckhaft wach. Ich schreckte auf und sämtlich geschaute Bilder blieben mir plastisch im Kopf hängen.

Tage später erzählte sie mir dann, was beim Gespräch zwischen ihr und dem „Meister" passiert ist. Als sie ihn anrufen wollte, blitzte es erschreckend hell durch ihr ganzes Zimmer, als hätte Zeus in einem Wutanfall seine Blitze geschleudert, und das Telefon war kaputt. Sie konnte ihn nicht mehr erreichen. Als sie dann den „Meister" per Handy anrief, ohne ihn über ihr eigentliches Problem zu berichten, meinte er, dass das nicht so schlimm wäre, wenn man mal einen Schwur bricht. Wir Menschen sind ja keine Götter mit einem allmächtigen Willen, sagte er abschließend. Was ist das bloß für eine Type, solch falsche Aussagen zu machen. Und was heißt das nun für meine Freundin? Ganz einfach: Sie muss ihren Willen so lange schulen, bis er stark genug ist, damit sie den Schwur einhalten kann und sich nicht mehr selbst befriedigt.

8. Das Gesetz der Polarität
Ariane

Johannes, da ich mitangesehen habe, wie du und deine Frau euch abmüht, die Übungen aus dem „Adepten" zu praktizieren, ohne irgendeinen Erfolg aufzuweisen, ihr euch immer darüber beschwert, dass die Exerzitien nicht funktionieren, habe ich mich entschlossen, euch nun Folgendes mitzuteilen: Ab heute macht ihr das so: Ihr wendet die Gesetze der Polarität, der Elementezeiten und der Planetentabelle an. Ihr beide geht um 6 Uhr abends in eure Zimmer. Bevor ihr anfängt zu üben, macht ihr eure rituellen Gebete so, dass ihr anschließend euch um 6 Uhr (Akasha) gegen Osten wendet, um 20 Minuten die Gedankenstille einzuleiten. Der Osten entspricht dem Feuer-Element und gibt der Übung Elan. Hab ihr das gemacht, richtet ihr euch nach den Himmelsrichtungen und praktiziert die Sinnes-Übungen aus der 2. Stufe, die den Elementen gemäß folgendermaßen durchführt werden:

- Osten – Feuer – Optisch
- Süden – Luft – Akustisch
- Westen – Wasser – Gefühl
- Norden – Erde – Geschmack/Geruch

Das könnt ihr noch mit den Tagen und den Einflüssen der Planeten verbinden, in dem ihr am

- Sonntag – Sonne – Licht/Aktivität – Übungen dem Feuer-Element analog durchnehmt
- Montag – Mond – Passivität – Übungen des Wasser-Elementes und deren Analogien
- Dienstag – Mars – Feuer und deren Analogien
- Mittwoch – Merkur – Geist und deren Analogien
- Donnerstag – Jupiter – Luft und deren Analogien
- Freitag – Venus – Wasser und deren Analogien
- Samstag – Saturn – Blei entspricht auch der Erd-Gürtelzone, deswegen die beiden irdischen Sinne Geruch und Geschmack.

Vergesst nicht, die Elemente-Zeiten anzuwenden, welche alle 24 Minuten wechseln und um 12/24 Uhr mit Akasha anfangen.

Wenn ihr all dies macht, dann werden die Übungen leichter gelingen. Doch nicht nur dies, ihr müsst auch noch die Gesetze der Polarität anwenden. D. h., dass ihr, wenn ihr mal kraftlos, müde oder nervös-ängstlich, hektisch oder zu passiv seid, wendet ihr euch auch den entsprechenden Himmelsrichtungen zu:

- Osten – Feuer – Elan, Kraft usw.
- Süden – Luft – Beschwingtheit, Ausgleich usw.
- Westen – Wasser – Ruhe usw.
- Norden – Erde – Stabilität und Festigkeit usw.

Nun atmet ihr Prana ein und verbindet die Elemente-Eigenschaften der Himmelsrichtungen auf passive, unbewusst Weise, in dem ihr euch mit der Lebenskraft und der Himmelsrichtung gleichschaltet, z. B. bei der Atemübung Kraft euch mit dem Osten verbindet, Ruhe mit dem Westen, Ausgleich mit dem Süden und Festigkeit mit dem Norden. Macht ihr das, dann steht ihr außerhalb der seelischen Schwankungen und kommt dann tagsüber nicht so schnell aus dem Gleichgewicht. Auch wenn ihr seelische Probleme hab oder sprich müde seid, könnt ihr dieses Gesetz anwenden und es wird euch besser gehen als zuvor.

9. Karl Weinfurter
Hohenstätten

Den bekannten Mystiker Karl Weinfurter dürfte jeder an Mystik und Magie Interessierte kennen, doch gewisse Lebensabschnitte sind dem einen oder anderen dennoch unbekannt. Wir haben in unseren Büchern bereits mehrfach angeschnitten, dass Weinfurter mit Franz Bardon bekannt war. Laut der Aussage vom Mystiker Waltharius bezeichnete Franz Bardon Weinfurter als einen Mann ohne jede praktische Erfahrung, was durchaus seine Berechtigung haben kann, wenn man seine Werke liest.

Karl Weinfurter wurde 27. Mai 1867 in der Familie eines Soldaten in der österreichischen Armee in Gitschin geboren. Hier wuchs er auf, aber später zog die Familie nach Prag, wo er das Gymnasium besuchte. Seine Lieblingslehrer war ein Doktor der Theologie Krasl Francis, der ihn nicht nur in den klassischen Lehren eingeführt hatte, sondern auch mit Spiritisten und Hypnosekundigen, die ihn als jungen Studenten bald geblendet hatten, zusammenbrachte. Er nahm an den Sitzungen teil und las die wenig verfügbar okkulte Literatur. Bald folgte er mit eigenen Experimenten, die ihn schließlich zum Kreis um Adolf Baron Leonhardi führten. Zu diesem Zeitpunkt lernte er bereits einige andere wichtige Personen in der tschechischen Okkult-Szene kennen, wie den Schriftsteller Gustav Meyrink. Daraufhin lernte er langsam die theosophische Literatur kennen sowie klassische Werke der Esoterik und indische Bücher und bei seinen Übersetzungen aus dem Englischen half ihm sein Freund Meyrink.

Durch die spiritistischen Experimente kam seine starke Sensibilität und Empfindlichkeit zutage, die ein Leben lang für Karl Weinfurter so typisch war. Dies führte schließlich zu der Tatsache, dass er die Fähigkeit des Hellsehens zu beobachten begann. Aufgrund seiner Unausgeglichenheit bekam er dann übernatürliche Visionen und Verfolgungen von Wesenheiten. Die zu intensiv gepflegten Übungen führten zu einer deutlichen Verschlechterung seines gesamten psychischen und physischen Zustandes, welche sich im Laufe der Zeit zu einer Idee der satanischen Monster entwickelte. Sein Arzt diagnostizierte eine erhöhte Nervenschwäche, welche als Folge zu morbiden Fantasien und Hysterie führte. An seinen ersten Arztbesuch erinnerte sich Weinfurter:

„Ich ging zum Arzt um Rat und er sagte nach sorgfältiger Prüfung, ich hätte einen schlimmen Fall von Neurasthenie (Nervenschwäche) und riet mir den ganzen Körper mit kalten Wasser zu waschen und verordnete mir Pillen, um meine Nerven zu beruhigen."

Eine Zeit lang beruhigte sich der Zustand, es wandte sich alles zum Guten, bis plötzlich in seinem Kleiderschrank wieder die teuflischen Kreaturen erschienen. „Ein Teufel war in dem Schrank und starrte mich mit seinen dämonischen Augen faszinierend an." Nach dieser Verschlechterung musste er erneut den Arzt aufsuchen:

„Der Arzt sagte, dass dies zu den Halluzinationen, morbiden Phantasien zählte und murmelte etwas von Hysterie, und fragte, ob ich ein Alkoholiker sei und an Syphilis litt."

Weinfurter wurde sogar in eine psychiatrische Klinik eingewiesen, aber bald nach seiner Entlassung kehrte er in seine Gruppe von Okkultisten zurück, mit denen er weiterhin Übungen und okkulte Versuche praktizierte. Der Spiritismus machte ihn krank! Aber zum Glück für ihn, trat dann eine schicksalhafte Wandlung ein. Sein Leben nahm deutlich eine andere Richtung an: „Zu dieser Zeit, als ich schrieb, waren wir noch auf der Suche nach einem Führer oder Guru. Die Reise begann. Wir wollten Magie betreiben, denn das hat uns am meisten angezogen. Zumindest die Mehrheit. Magische Kräfte bekommen, um im Astral handeln zu können, den Elementarwesen (Naturgeister) zu befehlen, die Natur und die Menschen zu steuern."

Unter der Schirmherrschaft des Baron Leonhardi wurde Weinfurter Mitglied um 1899 bei den Martinisten. Doch befriedigte ihn das nicht! Vielmehr fixierte er sein Interesse auf die Schriften von Johann Kernig und auf die indische „Bhagavad Gita", so dass er immer näher an die Theosophie ranrückte. Weinfurter kam zusammen mit Baron Leonhardi und einem Wiener Theosophen namens Dr. Friedrich Eckstein und Earl Charles Lening-Billingheimem und wurde in die Theosophische Loge „Zum Blauen Stern" eingeführt. Hier kam er in Berührung mit einer ganze anderen Welt der okkulten Literatur, einschließlich der orientalischen Werke, mit denen er und seine Freunde Baron Leonhardi und Gustav Meyrink versorgt wurden. Die Loge war in Kontakt mit Annie Besant, welche spezielle Übungen schickte, aber mit der Zeit wurde die Beziehung mit der Theosophie zunehmend angespannter.

Karl Weinfurter hatte viele Enttäuschungen mit der Theosophie erlebt und machte sich deshalb auf die Suche nach einem andern Weg, der mehr Erfüllung bot und seinen geistigen Hunger sättigte. Er trat zum Yoga über, vollführte tantrische Praktiken von Rama Prasad und kam trotz seiner

Kontakte zu Wiener Gruppe schließlich in die Lage, den gewünschten „Führer" zu finden, den Rosenkreuzer und christlichen Mystiker Aloys Mailänder. Das war das wichtigste Ereignis für ihn, die ihn schließlich zu der späteren Praxis der Mystik brachte.

Doch aufgrund seiner gesundheitlichen Probleme hatte Karl Weinfurter trotz seiner Mystik auch große finanzielle Schwierigkeiten. Er war nicht in der Lage, den Arbeit als Postbeamten durchzuführen und so war er einige Zeit völlig ohne Einkommen. Dennoch war er ein typischer Vertreter der zeitgenössischen Kaffeehaus Bourgeoisie, denn hier ging es in erster Linie um das gesellschaftliche Leben, an dem er aktiv teilgenommen hatte.

Die schwierige finanzielle Lage sollte helfen, seine kreativen Kräfte zu wecken. Dadurch traf er Jaroslav Vrchlickým, der ihm mit seinen ersten Erfahrungen als Schriftsteller half, da er immer wieder einige Gedichte in des Freundes Zeitschrift veröffentlichen konnte. Daraufhin wurde er schriftstellerisch tätig und arbeitete auch mit dem Verleger Josef Vilímek zusammen, welcher ihm sein erstes Buch „Die Wunder und Magie indischer Fakire" (1903) zu veröffentlichen verhalf. Im zweiten Jahr des Ersten Weltkriegs begann er mit dem Schreiben für die Verlege Zmatlik und Stößel. Richtig bekannt wurde er aber erst durch sein Buch „Der brennende Busch", obwohl er davor für okkulte Zeitschriften schrieb.

Karl Weinfurter wurde zum mystischen Vorreiter und schnell fanden sich viele Zuhörer und Anhänger seiner Lehre, aber auch auf der anderen Seite gab es Gruppen, die ihn nicht leiden konnten und im Streit mit ihm waren, wie z. B. der Okkultist Otakar Griese.

Der Ort, an dem Weinfurter seine Freunde und Förderer traf, war das Cafe. Aber mit der wachsenden Zahl der Teilnehmer wurde es zu klein und so begann eine Form der organisierten Aktivität. Am 27. November 1929 gründete er offiziell den Verband „Psyche" mit 45 Anhänger in dem Nationalhaus von Vinohrady.

Der Umfang der Aktivitäten dieses Vereins war wirklich erstaunlich und ging über die Grenzen der Republik. Der Verein selbst hatte zahlreiche Niederlassungen in verschiedenen Städten, wo sie Vorträge organisierten und verteilten okkulte und mystische Werke. Es gab aber immer finanzielle Probleme und auch Schwierigkeiten mit seiner familiären Situation. Doch er ist zu einer beliebten und respektierten Figur im Bereich der Mystik und spirituellen Lehren geworden. Selbst die „Psyche" hatte mehrere hundert Mitglieder. Auf der anderen Seite war er nicht in der Lage, jede Kritik oder sonstigen Anschauung zu tolerieren, die dadurch logischerweise zu

Konflikten durch Mitglieder oder andere Okkultisten führte. Alles endete schließlich durch die Nazi-Besatzung im zweiten Weltkrieg, als im Juni 1940 zunächst die Veröffentlichung der Zeitschrift „Psyche" und dann fast genau ein Jahr später die Vereinigung selbst verboten wurde.

Doch nun noch einen kleinen Einblick in seine „Loge"! Die Mitglieder der „Psyche" trafen sich mit wöchentlichen Vorträgen und Gesprächen, bei denen es vor allem um Interpretationen des Gelesenen ging. Die Vereinigung wurde mit folgenden Motiv gegründet: „Der Zweck des Vereins ist es, das Wissen über Gott an der Basis der Philosophie der Religion zu verbreiten."

Die Mitglieder der Loge mussten die mystischen Übungen aus dem „Brennenden Busch" praktizieren, denn das Buch bildete ihre esoterische Grundlage. Folgende Regeln wurden dazu aufgestellt:

- Bei Eintritt in die „Psyche" war jeder verpflichtet, so schnell wie möglich den „Brennenden Busch" zu lesen und musste drei Fragen des Ausschusses im Bereich der Mystik beantworten.

- Man musste all seine Kräfte und Arbeitsmöglichkeiten opfern, um sein Wissen der Geisteswissenschaft durch das Lesen der entsprechenden Bücher und deren Übungen darzulegen.

- Man musste die Übungen aus dem „Brennenden Busch" verfolgen und seine Fortschritte dem Präsidenten oder dem erfahrensten Mitglied des Vereins vorlegen.

Es wurde ein Mitgliedsbeitrag in Höhe von 3 Kronen jedes Monat erhoben, d. h. 36 Kronen pro Jahr, die vor allem dazu gedienten, die Kosten des Vereins zu decken und, falls erforderlich, wollte man in der Lage sein, die anfallenden Beiträge auszugleichen. Der Verein veröffentlichte sein eigenes Abzeichen für 20 CZK aus Silber und hatte die Form eines Schmetterlings mit Buchstaben IEOUA.

Karl Weinfurter hielt im Rahmen der Aktivitäten des Vereins eine Vielzahl von öffentlichen Vorträgen, zu denen eine relativ große Zahl von Zuhörern kamen. Zu seinem ersten öffentlichen Vortrag zum Thema „Gott im Menschen" versammelten sich Teilnehmer aus allen Teilen des Landes, dessen Gesamtzahl mehr als 1200 Zuhörer waren. In Pilsen referierte er über „Die magische Kraft der Gedanken" vor 550 Zuhörern. Auch seine Bibliothek wurde größer. Es wurden Werke von Sri Ramakrishna, Vivekananda, dann Ramana Maharhisi übersetzt. Der Verein hatte auch mit einem in New York ansässigen vedantischen Unternehmen und der Vedanta

Gesellschaft in Kalkuta von Ramakrishna Kontakt. Schließlich ist es der „Psyche" gelungen, Paul Brunton, den englischen Journalisten, Reisenden, Mystiker und Verbreiter von vielen spirituellen orientalischen Lehren zu gewinnen. Im Jahr 1937 nahm er eine Einladung nach Prag an. Es gab gegenseitige Sympathien der beiden Mystiker. Aber dennoch kam es zu einem „Streit um Brunton", denn viele sahen den alternden Weinfurter als nicht fähig an, den Verein zu leiten. In seiner Loge gab es nämlich Homosexuelle, Rassisten und Rechtsradikale. Keiner davon war ausgeglichen oder rein, alle waren extrem einseitig.

Wie wir oben bereits angeführt haben, kam es auch bei der „Psyche" zur Kritik an der Führergestalt von Weinfurter vor allem im Hinblick auf die jüngere Generation. Denn wie ist es bei einem freiem Zirkel? Es gibt keine Kontrolle bzw. Überwachung und so schlichen sich Schwierigkeiten ein. Das betrügerische Moment kam zum Vorschein, die Absicht sich als falscher „Guru" in dieser oder jener Richtung zu präsentieren und die Organisation zu missbrauchen. Die Wirtschaftskrise in den 30ern brachte und verschlimmerte eine hohe Verschuldung einzelner Mitglieder, welche dann aus dem Verein entlassen wurden.

Selbst Franz Bardon wurde als Weinfurters Meisterschüler bezeichnet, wie es in den einschlägigen Schriften immer wieder der Fall ist. Dies ist jedoch ein Irrtum. Der berühmteste Schüler von Karl Weinfurter und seiner mystischen Schule bleibt ohne Zweifel der Fotograf František Drtikol.

Mit dem Aufsatz von Frau Pravica, welche von Weinfurters letzten Lebensabschnitt in der Zeitschrift „Die Andere Welt" berichtete, wollen wir diese Studie schließen:

„Als langjährige und persönliche Schülerin von Karl Weinfurter war ich bis zu seinem Tode im März 1942 mit ihm in Verbindung gestanden. Ebenso mit Frau Weinfurter, die 1943 Herrn Dr. Ing. Dr. Ottokar Capek – den Bruder des bekannten tschechischen Dichters und Schriftstellers Karel Capek – geheiratet hatte. Frau Weinfurter-Capek starb 1956. Die Übersetzung der myst. Fibel I. u. II. und „Das Lehrbuch des magischen Denkens" sind von mir. Von der Gestapo wurden Herrn Weinfurter sämtliche Werke und Manuskripte beschlagnahmt, ebenso die reichhaltige Bibliothek und die Bibliothek des Vereins „Psyche". Diesen Verein hatte Weinfurter gegründet und geleitet. Wie Frau Weinfurter mir schrieb, wurde ihr Mann kurz vor Weihnachten 1941 ins Gefängnis nach Pankraz (Prag) eingeliefert, wo er mit vielen andern Gefangenen zusammengepfercht in einem Raume drei Wochen lang verblieb. Durch sein hohes Alter (über 70) und die damalige große Lebensmittelknappheit war Herr Weinfurter so geschwächt, dass er schwer erkrankte. So wurde er nach Hause entlassen, musste sich aber vorher schriftlich verpflichten, keine Vorträge usw. mehr zu halten. Herr Weinfurter erholte sich nicht mehr (Wasser in der Lunge) und starb im März 1942. Noch drei Tage vor seinem Tode besuchte ihn meine Freundin, Fr. Votavova. Herr Weinfurter unterhielt sich mit ihr trotz seiner großen Schmerzen sehr angeregt über die Bhagavad-Gita, die er ins Tschechisch übersetzt hatte. Er bedauerte, dass dieses Buch von so wenig Menschen in seiner Tiefe verstanden wird. Somit kann von einer geistigen Umnachtung keine Rede sein!"

Der Mystiker Weinfurter – links mit Hut und Brille – bei einem Jagdausflug (?)

**Weinfurter im Yoga-Asana.
Fotografie von seinem Schüler František Drtikol;
auf dem Foto ist er 67 Jahre alt.**

Fotografie von František Drtikol um 1937

10. Das magische Tagebuch
H. Tränker

Jeder Schüler von H. Tränkers „Pansophie" sollte ein „mystisches oder auch magisches Tagebuch" führen. Da dies auch für einen Schüler der Hermetik aufschlussreich sein könnte, erläutern wir dies anhand des Briefes von Tränker an den Pansophen Donatus (d. i. Heinrich Hahn):

„Magische Tagebücher. Es sollen da ziemlich starke, ca. 2 Querfinger dicke Notizbücher gemacht werden, deren Papier Tinte verträgt, also gutes Schreibpapier. Sie werden nur einseitig beschrieben. Sobald nun die gemeinsamen Übungsaufgaben, die noch folgen, durchgenommen werden, muss alles möglichst kurz und klar aufgezeichnet werden,

1. wann geübt wird,
2. wie lange,
3. wie die allgem. Verfassung des Körpers, der Seele, des Geistes war,
4. äußere Verhältnisse, das Wetter etc.,
5. was ist alles eingetreten an besonderen Zuständen, Gefühlen, Gedanken, insbesondere ist die Gedankentätigkeit scharf zu beobachten, dann welche Sinne waren gesteigert und was wurde gesehen, gehört, oder sonst erreicht.

Alles kann ganz kurz angegeben werden, falls nicht so bedeutend, dagegen bedeutende Erlebnisse sollten möglichst ausführlich geschildert werden. Auch alle Meditations- und Konzentrationsübungen, alle Übungen in der Naturmystik u. dergl. müssen hinein. Ebenso die versuchten Lösungen der gestellten Aufgaben, auch die Versuche dazu. Zweck ist, jeden Einzelnen nach seinen Fähigkeiten auf das Genaueste zu kennen, ferner die Gültigkeit einer Selbstbeobachtung u. Selbstanalyse an Hand der jahrelang geführten Bücher, jedem einzelnen zu beweisen und damit der eigenen Selbsterkenntnis das Tor geöffnet zu haben, die unbedingt dann hinführt zur Natur und Gotteserkenntnis. Und ohne Niederschrift ist oft das Wichtigste für den Schüler verloren. Also sofort nach Beendigung alles aufnotieren. Ein weiterer ungeheurer Wert liegt darin, dass die Vernunft nie abgeschaltet werden kann, infolgedessen ein absolut sicherer Schutz vor Medialität bei den späteren schwierigen Übungen in den astralen Reichen geschaffen wird. Dann auch sind alle Erfahrungen in den höheren Bewusstseins-regionen ganz zwecklos, wenn sie nicht auch für andere festgehalten werden können. Deshalb ist die Arbeit in der pans. Schule auch vor allen

Dingen für die Allgemeinheit und nur in letzter Linie für sich selbst. Und der letzte Punkt, weswegen Tagebücher eingerichtet werden müssen, ist der, dass der Schüler jederzeit den Nachweis erbringen kann, dass er fleißig gearbeitet hat, im Gegensatz zu den Theosophen, die nichts tun und alles andere für sich tun lassen und infolgedessen im ganzen Denken einrosten und unfähig für die Lebensäußerungen des Spiritus Sanktus geworden sind."

Zitiert aus dem Buch „Heinrich Tränker als Theosoph, Rosenkreuzer und Pansoph" von Volker Lechler.

Weitere Bücher aus dem Christof Uiberreiter Verlag:

Das goldene Blatt der Weisheit
Seila Orienta/Franz Bardon

Zum ersten Mal in der okkulten Literatur wird die 4. Tarotkarte des Hermes Trismegistos verständlich beschrieben und offengelegt. Sie beinhaltet unbekannte Konzentrations- und Meditationsübungen. Des Weiteren gibt sie Hinweise und erklärt die Unterschiede zwischen Magie und Mystik und Gefahren des einseitigen Weges. Am Ende steht die Verbindung mit der universellen Gottheit, dem Herrn der Sonnensphäre, welcher quabbalistisch „Metatron" genannt wird.

*

5. Tarotkarte – Mysterien des Steins der Weisen
Seila Orienta/Franz Bardon

Dieses Buch stellt die Vorderseite der Alchemie dar, die die einzelnen praktischen Übungsschritte erklärt, ohne die verschlüsselten Mystifikationen der alten Alchemisten auch nur annähernd zu erwähnen, wie man es aus den anderen Büchern des Franz Bardon kennt. Es wird erklärt, dass ohne vollkommene Beherrschung der 4 Elemente keine Alchemie möglich ist. Des Weiteren wird mit den einzelnen Ebenen, mit den Matrizen, dem elektromagnetischen Fluid usw. gearbeitet. Doch der Hauptpunkt stellen die göttlichen Eigenschaften wie z. B. die Allmacht dar, mit denen der Göttliche Stein der Weisen durch gewisse Übungen geladen wird.

*

Talismanologie und Mantramkunde
Seila Orienta/Franz Bardon

Zum ersten Mal werden hier (magisch) geladene Mantrams – Gebetssätze – preisgegeben, welche bei nötiger Reife, Ausgeglichenheit und Reinheit durchdringende Erfolge versprechen. Mantrams sind ja nach Bardon nicht irgendwelche „Suggestionssätze", sondern sie sind Ideenausdrücke, mit denen man mit Mächten, Kräften, Eigenschaften, also Gottheiten, in Verbindung kommen kann. Gleichzeitig werden die dazugehörigen Siegelzeichen der göttlichen Ideen preisgegeben, welche im rituellen

Zusammenhang mit den Mantrams stehen. Ein Buch, dass nicht nur die Hermetiker, sondern auch die Anhänger der Yogawissenschaften inspirieren wird!

*

Eine Sammlung der schönsten und lehrreichsten Beschwörungsgeschichten
Hohenstätten

Dieses Buch ist einzigartig, denn es zeigt den zweiten Band von Franz Bardon an Hand von interessanten Evokationsberichten, die genau das bestätigen, was Bardon in seinem Buch geschrieben hat, und noch darüber hinaus. Es werden sensationelle Erlebnisse geschildert, die man sonst niemals findet. Auch aus unveröffentlichten Schriften wird zitiert.

*

Verkörperungen des Meister Arion
Hohenstätten

Man wird beim Lesen dieses Buches nicht glauben, wie viele bekannte und unbekannte Inkarnationen Franz Bardon hatte. Die paar, die im „Frabato" bekannt gegeben wurden, stellen nur einen geringen Teil seiner Verkörperungen dar. Wir mussten, da es dermaßen wenig Literatur über die Verkörperungen gab, wieder hunderte und aberhunderte von Büchern, Aufsätzen, Zeitschriften und Artikeln durcharbeiten, bis wir genügend Material für dieses Buch hatten. Aber der Leser wird sich beim Lesen sicherlich über unsere Arbeit freuen, denn sie wird ihn in Erstaunen versetzen!

*

Shamballa, der goldene Tempel des Lichts
Hohenstätten

Dieser Tempel dürfte jeden Leser von Bardons Roman „Frabato" fasziniert haben. Dass es aber in der okkulten Literatur noch viel mehr Informationen darüber gibt, die man aber nur findet, wenn man alles Veröffentlichte gelesen hat, dürfte dem einen oder anderen unbekannt sein. Es wurden wieder ganze Stöße von Büchern durchgesehen und das Ergebnis wird hier veröffentlicht. Es wird aber gleichzeitig darauf hingewiesen, wie viel Schundliteratur es darüber gibt, wie viel Lügen im Umlauf sind, damit sich der Schüler der Hermetik ein klares Bild machen kann. Wir bringen in

83

diesem Buch alles, was wir an Material darüber gefunden haben und es wird auch noch einiges aus der eigenen Erfahrung, was das Wertvollste ist, mitgeteilt. Nicht nur über den Tempel wird berichtet, sondern auch über die damit verbundene „Bruderschaft des Lichts", dessen Sitz er darstellt.

*

Auf der Suche nach Meister Arion
Hohenstätten

Diese Autobiographie eines Schüler der Hermetik des Franz Bardon schildert sein magische Leben, in welcher zahlreiche Erfahrungen zu den Übungen aus dem Adepten geschildert werden, die die Hauptperson selbst erlebt hat. Es wird der schwere Weg des Adepten aus autobiographischer Sicht gezeigt, seine vielen Tiefschläge, aber auch seine glanzvollen Seiten und Zeiten. Der harte Kampf mit dem Seelenspiegel wird bis in alle Einzelheiten aufgezeigt, genauso wie die vielen anderen Wege, in welche der Autor reinschnupperte, um dadurch reichlich Erfahrung sammeln zu können. Darüber hinaus enthält es unzählige Erfahrungen und Berichte betreffs Mantramistik nach Bardon, die wahre Runenmagie, zahlreiche Evokationen sowie Invokationen mit seinem Lehrer Anion, einen magischen Exorzismus, wie er bisher noch nie öffentlich geschildert wurde. Mentalreisen, Beeinflussungen, Übungen zur Gottverbundenheit, Erscheinungen, Alchemie, Heilungen mit den verschiedensten magischen Methoden z. B. Quabbalah oder durch die Elemente, Schutzgeistevokationen und viele andere magische „Wunder" seines Freundes und Lehrers Anion. Auch einige magische Fotos in Farbe, ein bisher von Bardon unveröffentlichtes Akashafoto von Christus und ein Bild des schwebenden Meister Arion werden in diesem Buch preisgegeben. Der Inhalt ist viel reichlicher, als hier kurz beschrieben werden kann.

*

Magisches Gleichgewicht
Hohenstätten

Dieses Buch zeigt eindeutig, dass in allen anderen Systemen das „Gleichgewicht" genauso gebraucht wird, wie bei Bardons Werken. Er war nicht der Einzige, der das erwähnte, aber er war der erste, welche es deutlich erklärte, denn die anderen Systeme sprachen nur durch das Symbol, welches nicht jedem Leser verständlich war. Obendrein bringen wir noch Unveröffentlichtes vom Meister Arion zu dieser Grundlage der

84

magischen Entwicklung.

*

Das Leben und die Erfahrungen eines wahren Hermetikers
Seila Orienta

Diese Autobiographie eines Magiers ist unübertroffen, denn bis jetzt hat kein einziger, okkult Geschulter, so offen und ehrlich gesprochen wie Seila Orienta. Er gibt in diesem Werk sein Leben bekannt, sowie seine zahlreichen und äußerst interessanten Erlebnisse und Erfahrungen. Es werden auch zum ersten Mal Fotos von Wesen der Sphären gezeigt, welche Franz Bardon höchstpersönlich in den 20ern gemacht hat. Des Weiteren schreibt Seila Orienta über die Sphären, über Dämonen, Logenkontakte und vieles, vieles mehr, was einem ehrlich strebenden Hermetiker das Herz übergehen lassen wird.

*

Das Leben des Franz Bardon
Hohenstätten

Dieses Buch beschreibt das Leben des Meisters außerhalb des Frabatos, welches seine Sekretärin – Otti V. – geschrieben hat. Es beinhaltet Erklärungen zu seiner „Biografie", weitere Einzelheiten über den Kampf mit der FOGC, seine Beziehung zu Wilhelm Quintscher und anderen Okkultisten, was alles bisher unbekannt war! Des Weiteren werden viele Erlebnisse seiner Schüler in Prag erzählt, verschiedene magische Leistungen und interessante Geschichten Bardons beschrieben, die bis dato unveröffentlicht sind. Es werden auch seine drei Lehrwerke und deren Wirkung auf die Öffentlichkeit von einem anderen, unbekannten Standpunkt geschildert, welcher durch bisher schwer zugänglichen Schriften unterstützt wird. Als Krönung wird seine aus dem tschechischen übersetzte „Runenschrift" zum ersten Mal veröffentlicht. Auch einige Seiten aus anderen unveröffentlichten Schriften von ihm sowie interessante Fotos des Meister Bardon und seiner Freunde werden hier preisgegeben und vieles, vieles mehr.

*

In Verbindung mit der Gottheit
Hohenstätten

Über das Thema der Gottverbundenheit mit all seinen Formen und

85

Methoden wurde bis heute noch nie ein Buch verfasst geschweige denn eine Schrift geschrieben. Man findet in der okkulten wie in der östlichen Literatur nur spärliche Hinweise, die größtenteils verschlüsselt sind oder so geschrieben wurden, dass man sie kaum versteht. Im Gegensatz dazu wird in diesem Buch offen dargelegt, dass das 1. kleine Arkanum der 78 Tarotkarten die Gottverbundenheit in ihrer Reinform darstellt.

*

Hermetische Heilmethoden
Hohenstätten

Dieses Buch stellt in der okkulten Literatur ein absolutes Unikum dar, denn über die Gesamtheit der okkulten Heilmethoden wurde bis jetzt noch NIE etwas Sinnvolles geschrieben. Es werden alle Heilmethoden erwähnt, die der hermetische Schüler mit Hilfe seiner bisher erlangten Konzentrationsfähigkeit ausüben und verwenden kann.

*

Erste hermetische Zeitschrift

„Der hermetische Bund teilt mit" ist eine der wenigen magisch-mystischen Zeitschriften, welche sich soweit als möglich auf die universelle Lehre von Franz Bardon bezieht. Sie versucht sich an die Gesetze des 4-poligen Magneten zu halten und vermittelt Wissen sowie Hinweise für die Praxis, damit der Leser die Möglichkeit hat, sie in seinen hermetischen Weg aufzunehmen und für sich gewinnbringend zu verarbeiten.

Noch viel mehr hermetische Literatur finden Sie auf unserer Website: http://www.hermetischer-bund.com.

Viel Vergnügen beim Stöbern!

Der Verlag

FSC
www.fsc.org
MIX
Papier aus ver-
antwortungsvollen
Quellen
Paper from
responsible sources
FSC® C105338